墨香财经学术文库

"十二五"辽宁省重点图书出版规划项目

国家自然科学基金项目（71901119）资助

Research of Seru Production System Formation under Uncertain Demand

王晔 ◎ 著

非确定需求下的单元装配系统构建问题研究

东北财经大学出版社 Dongbei University of Finance & Economics Press 大连

图书在版编目（CIP）数据

非确定需求下的单元装配系统构建问题研究 / 王晔著. —大连：东北财经大学出版社，2021.1

（墨香财经学术文库）

ISBN 978-7-5654-4183-7

Ⅰ. 非… Ⅱ. 王… Ⅲ. 工业企业管理-生产管理-研究 Ⅳ. F406.2

中国版本图书馆CIP数据核字（2021）第072012号

东北财经大学出版社出版发行

大连市黑石礁尖山街217号 邮政编码 116025

网 址：http://www.dufep.cn

读者信箱：dufep @ dufe.edu.cn

大连永盛印业有限公司印刷

幅面尺寸：170mm×240mm 字数：141千字 印张：10 插页：1

2021年1月第1版 2021年1月第1次印刷

责任编辑：李 栋 周 慧 责任校对：徐 群

封面设计：冀贵收 版式设计：钟福建

定价：52.00元

教学支持 售后服务 联系电话：（0411）84710309

如有印装质量问题，请联系营销部：（0411）84710711

前言

随着经济的不断发展，市场需求呈现出产品多样化、生产周期短等特征，加之社会老龄化日益严重、劳动成本逐年攀升，如何充分、合理地利用有限劳动资源创造更高的产品价值成为生产制造企业的一大难题。单元装配系统由日本电子装配企业率先提出，并得到了众多企业的青睐，其结合了流水线装配的高生产率和传统单元生产系统的高市场响应能力，是符合多品种变批量、产品更新换代快等特点的先进生产模式。

虽然二十年前单元装配系统的概念就已经被提出，但是有关单元装配系统的构建方法仍然处在初级阶段。以往的单元装配系统构建研究均假设市场需求已知以及所有工人是全能工，针对每天的需求任务，构建相应的单元装配系统，这被称为任务已知型单元构建方法。然而，现实生产需求并非一成不变，季节性或者节假日促销活动等都会引起需求的波动。另外，即使通过先前的市场数据获得产品需求的概率分布，也无法准确预测每一天的真实需求。现有的任务已知型单元构建方法可以在每一次发生变动的时候更改单元构建方案，但是需求波动频繁且波动幅度较大时，会给企业带来巨大的转换成本和管理成本投入。与此同时，作为以人为本的单元装配系统，在现有的构建方案中并未考虑工人的技能和合作关系因素，例如，工人的合作关系对加工时间的影响以及工人的全技能需要较高的培训费用等因素。针对工人间的合作关系差异、需求非确定性情况下的单元组合方案和工人技能水平优化等方面的研究甚少。因此，有必要针对上述研究的局限性和不足提出有针对性的解决方案。

本书研究的主要目的是通过科学的方法回答管理上的现实问题：(1）在单元装配系统的构建过程中，工人合作关系是如何影响系统性能以及工作效率的？(2）在市场需求按照一定概率在不同场景间波动的情境下，如何构建一个相对稳定的单元装配系统应对需求？在需求相关参数变化的情况下，系统应该做出哪些改变？(3）考虑需求量按照一定规则分布的情境下，相对于所有工人都具备全部产品加工能力的研究前提，部分交叉培训的工人所组成的系统是否可以达到类似的生产效率和市场响应能力？如果可以，如何确定每一名工人所需要掌握的技能？在需求和工人相关的参数发生变化时需要对系统做出哪些调整？(4）在订单动态随机到达的非确定需求场景下，如何构建单元装配系统以达到较高的动态响应能力且同时保持较低的成本？当相关参数变化时，企业对于雇用的工人数量以及工人的技能水平又需要进行哪些调整？

为了回答以上问题，本书作为国家自然科学基金重点国际合作项目(71420107028）的重要组成部分，以电子装配企业的单元装配系统构建问题为研究对象，针对四种典型的需求非确定性场景，分别考虑工人合作关系和技能水平因素，建立相应的优化模型，并提出求解算法，设计丰富的数值实验与参数敏感性分析，提炼管理建议，为生产管理者提供实施单元装配系统的理论支撑和现实策略。本书的创新点主要包括以下三个方面：(1）分析任务已知型单元系统构建方法存在的不足，梳理可能存在的需求非确定性情景。(2）针对各种场景以及重要考虑因素构建相应的单元装配系统模型，考虑需求的非确定性、工人间的合作关系差异等因素，提出非确定需求环境下单元装配系统的构建方法，为管理者提供实施单元装配系统的理论支撑和操作方式，在此基础上分析各类因素变化下生产管理者的应对措施。(3）鉴于现有研究对工人技能水平的假设过于苛刻，在需求非确定情景下，考虑工人的技能培训成本、产能过剩和产能不足惩罚成本以及工人的技能工资等因素，提出单元装配系统构建过程中的工人技能水平配置优化模型，并开发启发式算法求解，证明通过合理的技能配置可以使系统具备与全能系统类似的成本和服务水平等性能。

本书的创新性工作主要包括以下四个方面：

（1）研究考虑工人合作关系差异的单元装配系统构建问题。在产品组合服从特定分布规则的情境下，鉴于单元装配系统构建问题没有考虑工人合作关系的现实状况，描述了合作关系对工人工作效率的影响方式，提出了工人合作系数的概念，在产品组合随机分布的情境下考虑工人合作关系差异对装配时间的影响及其对系统整体性能的影响。基于单元装配系统构建的一般问题，以最小化总加工时间和最小化工人工作时间为目标，建立了多目标优化模型。针对模型的特征，开发并应用了基于NSGA-Ⅱ的多目标优化算法进行求解。通过数值实验表明考虑员工合作关系的必要性；分析了员工合作系数的均值和方差的变化对单元系统构建的组成和性能的影响。结果表明，工人整体合作度较高、工人间合作关系差异较大时，单元系统的性能会有更明显的提升。

（2）研究基于场景需求的单元装配系统构建问题，旨在建立相对稳定的生产系统以应对市场需求的变化，提升需求波动情境下系统对需求波动的应变能力。针对现有单元装配系统构建问题没有充分考虑需求场景变化因素的特点，考虑基于场景的需求情境下流水线装配向单元装配系统转化的问题。本研究将基于场景的需求定义为一系列服从某种概率分布的需求场景，每个需求场景中包含了产品组合和批次大小、顺序等信息。以最小化总加工时间的期望和方差为优化目标，建立了单元装配系统转化的多目标优化模型，决策构建单元的数量、工人的组合方式以及批次的分配方案，旨在通过构建相对稳定的生产系统以应对变化的市场需求，提升需求非确定情境下系统对需求变化的应变能力和稳定性。根据模型和变量特点设计基于NSGA-Ⅱ的启发式算法求解模型，通过小规模算例的应用验证了算法对模型求解的准确性，并通过多次运行算法的方式验证其对大规模问题求解的有效性。同时，通过对比未考虑需求场景变化的单元装配系统构建方法，验证了考虑基于场景需求的单元系统构建可以提升生产系统在基于场景的非确定需求下的稳定性。

（3）鉴于现有研究很少考虑工人技能水平对单元装配系统构建方案的影响，研究需求按概率分布情境下单元装配系统构建过程中的多能工技能优化配置问题。现有研究多假设工人具备装配全部产品的能力，而大规模的培训会造成较高的培训成本和能力资源浪费。本书中，作者将工人的技能水平描述为所有产品共用的基本技能和以产品区分的特定技能，并考虑工人技能提升所需付出的技能培训成本。针对单元装配系统构建的基本问题，作者考虑了需求的非确定性和技能培训成本、产能不足和产能过剩的惩罚成本，以最小化系统总成本为目标，建立了随机优化模型；基于有限柔性原则开发了启发式算法，结合了场景聚合法求解该模型。此外，作者还设计了大量数值实验，分析了模型特征和参数影响。实验结果表明，通过适当地增加技能培训，只需要较少的技能培训也可以使系统在满足市场需求方面达到完全技能培训的性能。产品技能与工人之间的对应关系通常以闭合的长链形式存在。随着产品间需求均值差异的增加、产品需求的波动幅度增加、总产品类别的增加，系统总成本会上升且特定培训数量也会上升。随着单位技能培训成本的增加，总成本呈上升趋势且更多的员工培训为低技能水平培训。随着产能过剩惩罚成本和产能不足惩罚成本的增加，总成本呈上升趋势且需要更多高技能水平的员工。

（4）以订单随机到达场景为研究背景，考虑基于技能水平的工人雇用成本和服务水平的单元装配系统构建问题。鉴于现有单元系统构建方式无法满足订单随机到达场景的需求，将非确定需求的场景定义为由各类产品按一定的时间间隔和批次大小的分布规则随机产生，将工人的工资定义为由基本工资和技能工资组成，将系统的服务水平定义为可以在目标时间内完成交货的订单数量占所有订单数的比例。考虑到工人工资与技能水平相关，以最小化工人雇用成本和最大化系统服务水平为目标，建立了多目标随机优化模型，以构建单元的数量、工人的数量、分配方案和技能水平。此外，还证明了模型的解空间性质，开发了基于

NSGA-Ⅱ的启发式算法结合场景聚合法求解模型，设计了大量数值实验以表明模型的应用方法，并进行相关参数分析。实验结果表明：①系统的服务水平随用工成本投入的增加而提升，但在用工成本投入增加到一定程度后，系统服务水平的提升速度会有所减缓；②为达到服务水平提高的目的，系统内将提升高技能水平工人的占比，提升工人整体技能水平；③当基于技能水平的成本增加时，为达到相同的服务水平，单元装配系统的成本和低技能水平工人的比重都有所增加；④当系统维持相同服务水平时，系统的用工成本会随着批次容量均值的增加而增加；⑤当产品类型的数量和产品批次大小发生变化时，系统的用工成本和服务水平并不发生改变。

本书适合物流管理专业的本科生和研究生作为教学参考，也适用于对生产优化理论和方法感兴趣的学者以及相关专业从业者。本书在完成书稿和相关研究内容的过程中，得到了物流管理国家级一流专业建设项目的支持，更得到了很多国内外知名学者的大力支持，其中包括东北财经大学的唐加福教授、阎崇钧老师、王文娟老师、盖印老师、吴志樵老师，香港大学工业与制造系统工程系的黄国全教授，东北大学的于洋教授，美国北卡罗来纳州立大学的Katherine Stecke教授，日本同志社大学的殷勇教授，日本东京都市大学的郭伟宏教授，北京理工大学的李冬妮教授，感谢各位老师在各阶段给予的帮助和指导。感谢母校东北财经大学的培养，感谢管理科学与工程学院的所有老师。同时，感谢家人和朋友在求学和工作的过程中给予的鼓励和支持，帮我渡过一个又一个的难关。最后，感谢东北财经大学出版社编辑老师的辛勤付出。

作　者

2020 年 11 月

目录

第1章　导言

1.1　研究背景

随着经济全球化和各大经济共同体的不断发展，制造业逐步成为提升国家竞争力的关键所在。如何在满足市场需求的同时不断完善生产模式、提升生产效率成为制造企业的关键问题。为适应市场对产品需求的变化，一方面，各国政府提出各项改善建议，推进制造业的改革运动。美国于2011年提出的“工业互联网”试图通过制造设备与网络的连接提升制造企业的数据整合能力和信息共享。德国政府联合西门子于2013年提出“工业4.0”，试图通过第四次工业革命将虚拟网络与实体网络系统一体化，应用于制造业和物流行业。2015年由中国政府提出的“中国制造2025”试图将信息技术与制造技术深度融合，打造智能制造。另一方面，生产企业和相关学者也在实践中不断探索更高效的生产模式。纵观生产改善的历史，先后出现过“科学管理之父”泰勒的科学管理理论（Taylor和Winslow，1911）、亨利·福特的流水线式装配系统

(Hounshell，1984)、丰田公司的丰田制造模式（Toyota Production System，TPS）(Jones和Daniel，1990)、柔性制造（Macduffie，1995)、敏捷制造（Christopher，2000）等。制造业相关各领域都在根据市场环境的变化调整自身的生产模式以期在相应的市场环境下得到最大的收益。

制造业的发展可以带动国家基础设施建设、提供大量就业岗位、提升GDP的增长等，但也面临着严峻的考验。首先，随着经济水平的提升，消费者对于产品的要求由传统的单一需求转化为个性化的、符合独特要求的产品，尤其是技术含量较高的产品，如日常的手机、相机等数码产品。其次，基础资源的逐渐减少导致原材料成本日益上升。同时产品多样化对高水平工人的需求逐步提升导致用人成本上涨。再次，同行业竞争者的不断壮大、产品生命周期短、技术革新速度快、市场的需求瞬息万变等因素，给制造企业的销售生产等方面带来了巨大的压力。多品种、中小批量甚至是变批量的需求成为制造厂商面对的需求主体。

面对市场环境的转变，我国面临更多挑战。在经济全球化的背景下，我国“世界工厂”的优势已经逐步消失。2020年美国私人咨询公司高纬环球（Cushman & Wakefield）公布《全球制造业风险指数》(MRI）报告，对全球48个国家的成本竞争力和运营条件进行评估，中国的制造业适宜指数排名全球第一。在制造业成本方面中国也名列前茅，但是在未来几年的制造业竞争力排名中却被认为将会呈下降趋势。造成这种现象的主要原因是在我国的产业结构中，高新技术产品和高附加价值的产品比重过低使得制造业竞争力不足以及劳动力成本的不断上升和老龄化现象严重。尤其是东南亚国家在劳动力以及制造资源等方面的成本优势，给我国的制造业带来了较大的冲击。面对如此严峻的形势，制造企业在准确捕捉最新的市场需求和技术创新的同时，必须根据自身的条件，调整生产方式来最大可能地响应市场动态的需求、降低生产成本，以求在激烈的竞争环境下得以生存。

为了进一步了解电子装配行业对生产方式的需求，对日本Roland DG公司、大连三洋明华电子公司、中国华录集团以及东莞华为P10生产线等科技含量高、产品种类多的电子装配企业进行了实地调研和生产管理者访谈。调研过程中发现，在该类型企业中，除了常规需求量大的产品，定制化、中小批量甚至是不定批量的产品占据了较多的生产资源且为企业创造较高比例的利润。对于该类产品的生产，企业无法应用高效率的流水线生产方式，并且需要投入更多高技能水平的员工进行装配生产。虽然各企业的生产管理者都在不断地对生产方式进行改进，但应用过程并没有统一的标准，各种系统的应用结果也不尽相同。

在生产模式的不断改进过程中，单元式制造模式（Seru Production System，SPS）在日本的制造业尤其是高新技术制造业如佳能、索尼等企业中脱颖而出，成为低成本、高质量、迅速响应市场动态变化的生产模式（Shinohara，1995；Stecke，Yin，Kaku等，2012；Y. Yin，Stecke和Kaku，2008；曹惺璧，2010）。它融合了传统单元制造、精益生产和敏捷制造等生产模式的特点，兼备流水线的高效性、传统单元制造的灵活性以及精益生产的低成本，以应对多品种、中小批量，特别是变批量的生产方式（Stecke等，2012；Yin等，2008）。日本单元式制造，或称日本式单元装配系统，主要是指将原有的流水线进行分割重组，转化为单元式的生产方式，通过流水线向纯单元装配或流水-单元混合装配的转换，来保留原有流水线较高的生产效率，兼顾单元制造的柔性，能够同时保证生产效率和市场响应能力两个方面的要求。

虽然单元装配系统具备以上众多优势，但是需要实施该模式的企业较少使用现代的理论与方法，不能完全发挥单元装配的优势，限制了单元装配系统的普及和应用。虽然现阶段单元装配系统构建问题得到了较多学者的关注，但研究多停留于任务已知的情境下，即在生产任务的批次和数量以及批次顺序已知的情况下进行单元系统的构建，没有考虑需求波动和动态性对单元装配系统效率的影响（Kaku，Gong，Tang等，2009；Yu，Sun，Tang等，2017；Yu，Tang，Gong等，2014；Yu，Tang，Sun等，2013）。而在生产管理实践过程中，由于受到产品技术的变革、节假日促销活动等因素的影响，生产任务并不是一成不变的。根据确定需求的生产任务设计的单元装配系统可以适应当前阶段的生产需求，但是在下一个阶段生产任务发生变动时，现有的单元装配系统便不能以最高的效率进行生产。尽管这一问题可以通过每一阶段重新进行单元系统构建的方式进行解决，但是这会导致较高的管理成本和系统重构成本。与此同时，工人的工作内容和工作伙伴由于生产系统的变动也将发生频繁的转换，这会降低工人对工作的满意度，也不利于提升工人之间的合作和交流，这与流水线装配向单元装配转换的初衷相悖。因此，如何设计人员合作关系稳定以应对非确定需求的单元装配系统成为亟待解决的问题。

基于以上分析，本书以装配制造企业实施单元装配系统为研究背景，针对单元装配系统的特点，研究了考虑工人合作关系和市场需求非确定性等因素下的单元装配系统构建问题，并根据问题的特点建立了相应的模型，设计了相应的启发式算法分别进行求解。本书旨在通过系统梳理不同场景下的单元装配构建方法丰富现有的研究成果，同时为制造企业提供科学的方法支持，为进一步大范围推行单元装配生产方式奠定理论和方法基础。

1.2 研究目的和意义

1.2.1 研究目的

单元装配系统是先进的生产管理手段，并在众多企业的实施中得到了经济提升和空间节省等多方面的成果，尤其是在应对多品种小批量、变批量的生产需求过程中表现了较高的响应能力。我国现正面临着产品升级转型，大批量生产向多品种定制化生产的转换。在大规模生产阶段所遗留下来的流水线、传送带等设备不足以满足现有的生产需求，而在现有的单元装配系统构建研究中，多以需求已知为前提，对于非确定需求并没有全面的定义，并且也没有对非确定需求有针对性的构建方法。作为以人为本的单元装配系统，有关工人的相关因素的研究也存在较多未尽之处。例如，工人的合作因素和工人掌握的技能对系统性能和成本影响的研究都有待进一步丰富。因此，有必要对于需求非确定性场景下的单元装配系统构建方式展开研究，提出有针对性的单元系统构建方法和相关性能分析。

本书的研究目的在于，分析单元装配系统的适用环境，发现区别于其他生产方式的现实特点，选取关键因素，考虑员工合作关系，针对非确定需求场景下的单元系统构建问题进行研究。对工人自身因素和市场需求不确定性进行准确的定义和全面的分析，对于需求非确定性所展现的不同场景，构建理论模型，系统地、科学地搭建单元装配系统的研究体系，有针对性地对构建单元装配系统过程中所面临的实际问题进行研究和优化，分析优化结果在不同场景下的变化。在丰富现有单元装配系统研究的科学理论体系的同时，为生产企业提供合理的指导性建议。

1.2.2 研究意义

单元装配系统是符合现实市场需求的先进生产方式，尤其是应对产品种类多样化、批量不确定以及生命周期短的产品特征。对单元装配系统构建问题的研究成为国内外的热点研究问题，对该问题的研究兼具热点性和前沿性。单元装配系统构建问题研究的本质是资源的整合分配问题，以期通过合理配置有限资源达到生产服务系统的效益最大化，研究的理论成果可以向其他相似服务领域拓展应用，具有一定的普适性。

（1）理论意义。

在现有研究中，对单元装配系统中的工人自身因素和需求非确定性还缺乏全面的系统性研究。本书从理论研究方面考虑生产任务的非确定性、工人合作差异、工人技能成本和重构成本等因素，在充分描述各类需求非确定性场景的前提下提出针对不同需求场景的单元构建方法，从不同视角丰富和发展单元装配系统构建理论，进一步拓展了单元装配系统管理理论和方法的适用范围，为后续研究奠定理论基础。

（2）现实意义。

从现实角度出发，针对不同场景提出的流水线装配向单元装配的转化方案，为实施单元装配系统构建提供理论基础和方法支持。通过对生产资源的合理调配和利用，使加工时间最短、企业成本最低，最大化企业的利益，同时分析这些场景和因素对企业的影响。利用所提出的方法和相关参数分析为制造装配企业提供有效生产管理的建议。

1.3 研究目标与研究内容

1.3.1 研究目标

本书的研究目标是结合已有研究成果和现实场景，面向制造装配企业，考虑工人合作关系的差异提出单元构建方法的模型，设计相应算法求得最优构建方案，分析工人合作关系变化对系统构建方案以及系统性能的影响。生产系统面临诸多不确定性因素，从市场需求角度存在产品种类、产品批次和产品数量等不确定性；从制造企业角度存在设备不稳定性、工人工作效率和原材料供应等方面的不确定性。在多种不确定因素中，本书主要考虑需求不确定性场景下企业的单元装配系统构建策略以及不确定性变动对系统性能所产生的影响。按照需求的可能情景，本研究主要将需求非确定分为需求按场景波动、需求量非确定和订单动态随机到达三种。针对不同的需求非确定场景，建立单元装配系统构建模型，设计算法对各问题求解，验证模型和算法的有效性和准确性，分析最优方案在不同需求场景下的变化规律和应对机制，总结优化方案在企业实践过程中可能遇到的问题和解决方法，为生产管理者提供理论支撑和政策建议。

1.3.2 研究内容

本书的研究内容主要包括四个部分：第一部分是针对流水线向单元装配转换的基本问题，基于产品组合随机情景考虑员工之间的合作关系差异情况下的单元装配系统构建研究，分析考虑员工合作因素对单元装配系统构建方案和效率的影响。第二部分是在基于场景需求的情境下的单元装配系统构建研究，探索如何构建相对稳定的工人合作关系的单元系统应对随机波动的需求。第三部分是在基于概率分布需求的情境下考虑工人技能培训成本、产能不足成本和产能过剩成本，在产品需求量非确定的场景下决策工人的技能配置。第四部分是研究在订单随机到达场景下，考虑雇用多技能工人所产生的技能成本的单元装配系统构建研究，决策需要的工人数量和工人的技能水平。具体的研究内容如下：

（1）以产品组合随机情景为研究背景，考虑工人合作关系的单元装配系统构建问题的多目标模型。针对单元装配系统构建问题较少考虑工人合作关系的现状，该部分考虑工人之间合作关系的差异影响工作效率，以最小化总装配周期和最小化工人总工作时间为优化目标，建立流水线装配系统向单元装配系统转换的多目标模型。研究定义了工人合作关系系数为两名工人合作时对生产效率的影响系数，当多名工人在同一单元内共同生产时，在求得每名工人受合作关系系数影响后的工作效率的基础上，对所有工人的工作效率影响系数求平均，即为该单元的整体合作关系系数。针对模型的特征，开发并应用基于NSGA-Ⅱ的多目标优化算法进行求解。通过数值实验说明了模型和算法的应用方式以及准确性，表明了考虑工人合作关系的必要性，分析了工人合作系数的均值和方差的变化对单元装配系统构建的组成结构和性能的影响。结果表明，当整体合作程度较高及合作关系差异较大时，单元装配系统的性能提升程度较为明显。

（2）基于场景需求的情境，考虑需求按场景波动的单元装配系统构建问题的多目标模型。现有的任务已知型单元系统构建方法在应对场景变化时，通常采用重构建的方式加以应对。但是在实际生产过程中，生产需求的不断波动会导致频繁的系统重构，造成较高的重构成本和管理成本。针对单元装配系统构建问题的研究，较少将需求的波动作为参考因素，该部分考虑需求波动的情境下流水线装配向单元装配系统转化问题，建立单元装配系统构建的多目标优化模型。该模型以最小化总加工时间的期望和方差为目标，决策单元装配系统的构建方案。最小化总加工时间在所有场景的期望旨在提升需求波动情境下系统的高性能，而最小化方差旨在提升系统在需求波动情景下的稳定性。根据问题和变量特点设计基于NSGA-Ⅱ的优化算法求解，并结合小规模算例说明模型的应用方法并通过与穷举法的对比验证算法的有效性。通过对比实验验证了考虑需求波动情境下的单元装配系统构建可以提升生产系统应对波动需求的能力和稳定性。

（3）基于概率分布需求的情境，考虑产品需求量非确定情景下的单元装配系统多能工技能配置优化模型。现阶段的单元装配系统构建问题多假设工人为全能工，或一个单元只能生产一种产品的两种极端情况，较少对巡回式单元的工人技能水平进行优化配置研究。该部分针对流水单元转化过程中的工人技能培训问题，定义了工人所掌握技能分为公用的基本技能和基于产品的特定技能，考虑需求量的非确定性、工人技能培训的成本，产能短缺和产能过剩的惩罚成本，建立随机优化模型，决策每名工人应该具备哪几种技能。根据柔性制造相关的技能增加方法开发启发式算法对该问题进行求解，并通过数值试验验证模型和算法的有效性和准确性。数值实验表明，适当培训工人部分技能的策略可以达到与培训工人完全技能相类似的系统绩效，且在对称型的需求供给系统中，最优技能配置下技能和产品的关系以实线连接会组成闭合的长链。通过对比分析实验，随着产品之间需求差异程度、需求的波动幅度以及产品种类数量增加，需要投入更多的系统总成本和增加培训技能的数量。当技能培训成本、销售机会损失成本和产能空闲成本增加时，需要提升工人的技能水平，增加工人的技能培训。

（4）基于订单随机到达场景，考虑技能成本和服务水平的单元装配系统构建模型。针对订单随机到达的需求场景，考虑支付工人的工资与其所具备的技能相关，以最大化系统的服务水平、最小化用工成本为目标建立单元装配系统构建的随机模型。通过构建一个较为稳定的单元装配系统响应随机到达的订单需求。根据问题特征，采用场景聚合方式求得随机问题的目标值，通过基于NSGA-Ⅱ的优化算法求解多目标问题，并通过简单算例验证了模型和方法的有效性且优于不考虑需求波动的方法。大规模的数值算例显示，随着服务水平的提升需要支付较高的用工成本，且更多地雇用高技能水平的工人。在此基础上参数敏感性分析结果显示，随着批次容量的增长需要付出更多的成本才可以达到同一服务水平；产品种类的多少和批次容量的波动情况对系统的性能影响不大；为得到同等的服务水平，构建单元装配系统的成本和低技能水平工人的数量都会随技能成本的上升而增长。

1.4 研究方法和技术路线

单元装配逐步发展的数十年中，有关系统的构建研究得到了广泛的关注。在学术研究方面，通过整理文献发现学者们主要的关注点集中于系统的总加工时间、工人工作时长、培训成本以及生产系统的平衡成本等，对于需求非确定性的场景研究相对较少。借鉴其他生产领域的文献，在需求非确定性方面，研究较多考虑的因素包括非确定需求的需求类型（如需求量非确定，批次随机到达等）、产品类型、批次容量和顺序、工人技能水平和合作关系、调度规则等。在优化目标方面，多数研究采用系统的总加工时间、工人工作时间以及利用率、系统成本和生产效率等指标作为优化目标。在研究方法方面，主要集中于实证研究、仿真优化和启发式算法等研究方法。根据文献调研结果，总结非确定需求情况下单元装配系统构建问题考虑的非确定性因素、优化目标和研究方法，如图1-1所示。

在汇总分析参考文献的同时，从实际出发，通过对高新技术装配企业的调研发现，企业虽然在生产方式的实际应用过程中有诸多变化，但在应对多品种变批量的产品需求时都借鉴并采用了单元装配的思想。通过对装配企业的访谈调研得知，生产部门关注的核心问题主要在于降本增效，即成本与生产效率两个部分。因此，本书结合理论研究与实际需求，从多目标角度对单元装配问题进行分析，侧重考虑如何构建一个稳定的单元装配系统以应对非确定的市场需求。而通过文献汇总分析和企业实际调研，现实存在的需求非确定性场景可以主要分为四种情况，分别为：（1）产品组合和批次大小按照一定规律分布；（2）需求分场景按照一定概率波动；（3）产品需求量按照一定规则分布；（4）订单动态随机到达。根据总结的经典场景进行相应的科学问题提炼并分解出四个主要的科学问题。单元装配系统构建是一个复杂的组合优化问题，已经被证明是NP-hard问题（Yu等，2014）。对这类问题的求解时间会随着变量数目的增大呈指数级上升，因此在应对较大规模问题时无法使用普通的求解器有效求得精确解。在对小规模问题进行求解时，精确算法依然

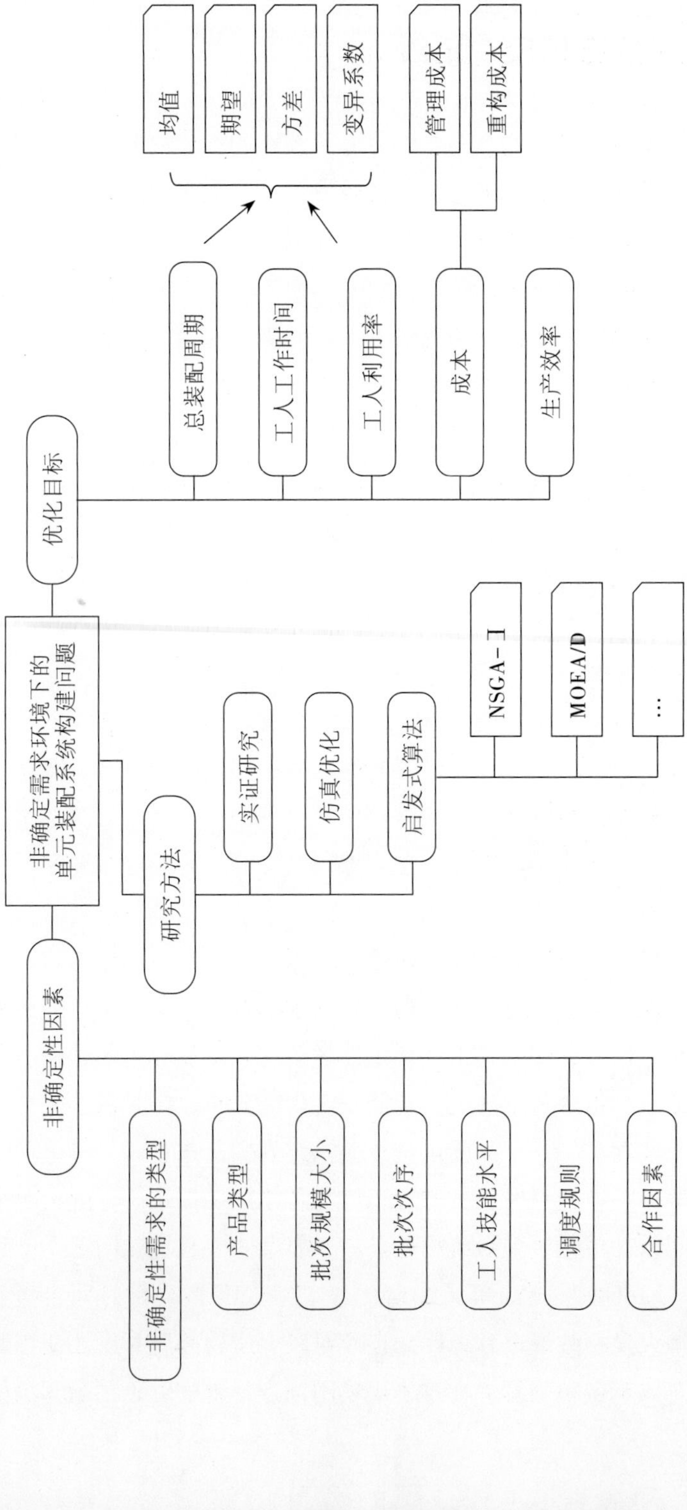

非确定需求环境下的单元装配系统构建问题

优化目标
总装配周期
工人工作时间
工人利用率
成本
生产效率
均值
期望
方差
变异系数
管理成本
重构成本

研究方法
实证研究
仿真优化
启发式算法
NSGA-Ⅱ
MOEA/D
…

非确定性因素
非确定性需求的类型
产品类型
批次规模大小
批次次序
工人技能水平
调度规则
合作因素

图1-1 研究总加工时间的相关因素

可以在相对较小的时间内求得最优解，如分支定界法、枚举法、动态规划法等。在应对较大规模问题时，较多使用启发式算法或亚启发式算法进行求解，特别是针对多目标优化问题，随着问题复杂度的提升，对求解算法的要求也更为严苛。为了解决这一问题，学者提出了多目标优化问题的相关算法，如强帕累托演化算法（SPEA）（Zitzler和Thiele，1999），非支配排序遗传算法（NSGA-Ⅱ）（Deb，Pratap，Agarwal等，2002），多目标差分进化算法（MODE）（Zhang和Li，2007）等。其中NSGA-Ⅱ算法由Deb等（2002）提出，并被学者们在各领域的研究中进行应用。与此同时，针对工人技能选择问题采用柔性制造领域的相关启发式规则进行求解。综上所述，本研究结合算法的基本框架和问题的特殊性，设计启发式算法分别解决各子问题。本研究的技术路线如图1-2所示。

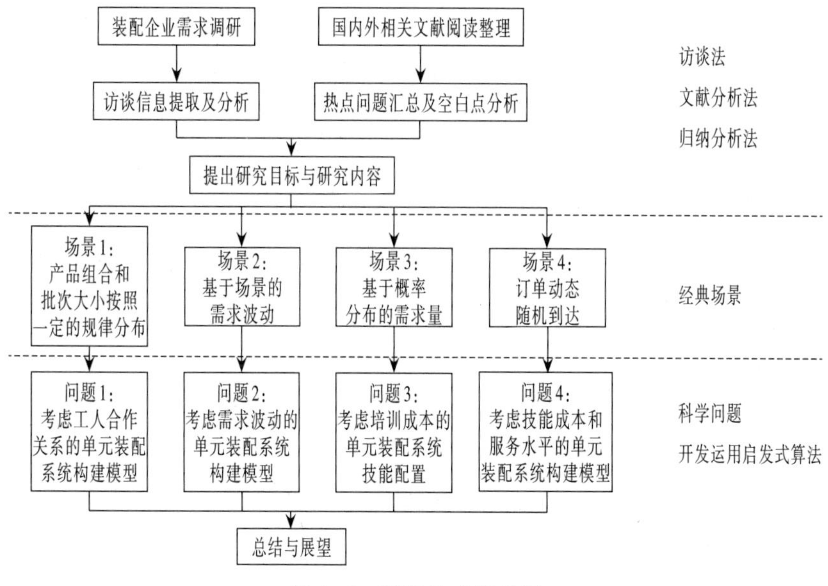

图1-2 研究技术路线图

1.5 本章小结

本章介绍了单元装配系统的研究背景和相关理论依据，指出通过科学的运作管理方法进行单元装配系统构建的必要性，并提出了本书的主要研究目的与意义、概括了主要研究目标与研究内容，确定了研究方法和技术路线。

在选题背景方面，首先，通过梳理国内外制造行业对整体经济环境的影响以及各级政府机构对促进制造业发展提出的帮扶策略和政策制度，确定了以制造业为研究大背景的重要性和必要性；其次，从生产制造业本身在生产和经营过程中遇到的困境，分析了生产过程优化对提升企业的竞争力和盈利性的作用；最后，通过对市场需求的变化和先进生产方式的变革历程的整理，确定在当前的市场需求下，尤其是高新技术产品的生产企业，单元装配生产方式是切实可行且富有成效的。因此，确定了本书的研究围绕单元装配系统构建问题展开。

通过分析现实的需求和理论方面的不足，本书的研究目的在于，针对非确定需求场景，明确单元装配系统的应用特点，发现区别于其他生产方式的优化重点难点，选取关键因素，综合考虑工人的合作、效率等多方面因素，结合需求的非确定性对单元系统构建问题进行研究。通过研究，在指标和参数的标准化方面，对工人自身因素和市场需求不确定性进行准确的定义和全面的分析；在应用场景方面，对需求非确定性所展现的不同场景进行数值化定义。根据文献收集和企业调研，从非确定需求有关因素、常用的优化目标和主要研究方法三个方面对非确定需求情景下单元装配系统构建问题相关的内容进行总结归纳。同时，以产品组合、批次大小需求量和订单到达时间等因素的差异对现实存在的四类非确定需求场景做一般性的描述。在此基础上，提出了在不同场景下的单元装配系统构建问题模型与解决方法。

本章主要介绍了单元装配系统相关问题的研究背景和主要的理论依据，从企业实践和研究需求两个方面阐述了单元装配系统构建问题研究的重要性和创新性。通过运作管理和系统工程优化方法的运用，不但从实践方面可以为制造装配企业提供管理建议，而且从理论研究方面丰富了现有的单元装配系统研究。本书其余章节的主要安排如下：

第2章，对相关的文献进行分类整理，分析现有文献的研究热点和未来的研究趋势。对本书中所提及的相关概念和理论加以介绍，并对单元装配系统构建问题的常用目标、模型建立方法和模型求解方法进行汇总和整理。

第3章，在产品组合随机的需求情境下，考虑工人间的合作关系差异影响工作效率的因素，以最小化总加工时间和最小化工人总工作时间为目标，构建多目标优化模型并求解，分析不同的合作关系和合作关系系数对目标值的影响。

第4章，基于概率场景的需求情境，考虑系统的稳定性，以最小化总加工时间的期望和方差为目标构建多目标优化模型，并开发和应用基于NSGA-II的启发式算法求解模型，并分析需求的差异对目标值的影响。

第5章，基于概率分布的需求情景，考虑工人技能增加的培训成本、产能短缺的机会损失成本和产能过剩的损失成本，通过构建两个阶段模型决策工人掌握的技能组合，并运用基于有限柔性的启发式算法对模型求解。

第6章，考虑工人的技能工资成本，以订单随机到达的方式描述市场需求的不确定性，以最小化工人雇用成本和最大化系统服务水平为目标构建多目标优化模型，决策构建单元的数量、工人分配方法以及工人的技能组合情况，并运用启发式算法对模型求解。

第7章，对本书的研究内容和结论加以总结，并有针对性地提出相应的建议，同时对未来的研究方向和内容加以展望。

第2章 单元装配系统构建问题及算法的研究综述

针对流水线装配向单元装配系统转换问题的特征，在2.1进行了相关文献的检索分析。2.2通过市场需求和先进生产方式的演进说明单元装配系统出现的原因和必然性。2.3对单元装配系统进行系统的概述，包括产生背景和基本概念、特征与优势、与传统单元制造系统的对比、系统的实施过程以及常用的优化目标。2.4通过单元装配系统构建问题的模型描述方法和求解方法说明现有的单元构建问题的研究方法。

2.1 相关文献检索分析

本节利用Web of Science平台数据库的文献资源，针对“单元装配构建问题”的相关关键词进行检索和统计。为了保证检索的准确性和时效性，针对文章的主题词检索1988年至2018年间的文章，并根据不同主题词进行检索词的选择。在“单元装配”方面采用“seru production”

或“cellular manufacturing”或“assembly cell”等检索词；在“构建”方面采用“formation”或“implementation”等检索词；在“优化”方面采用“optimization”或“simulation”等检索词。这三类检索词是同时存在的关系，以逻辑连接词“AND”连接，而各类内部的检索词之间是至少有一个词存在即可的关系，以逻辑连接词“OR”连接。综上所述，本次检索的最终检索词为“TC=（（seru production OR cellular manufacturing OR assembly cell）AND（formation OR implementation）AND（optimization OR simulation））”，文献类型选择全部类别。

通过以上范围的检索，结果显示，截至2018年5月相关文献共计1 202篇。从文献整体分布来看，关于单元装配系统构建问题的研究是近二十年的热点问题，平均每年有70余篇的研究成果发表，近十年更是年均近百篇研究成果发表在各类国际期刊。相关研究成果的发表反映了单元装配构建问题的重要性，也为本书提供了较多的文献理论支撑。与此同时，对于这一领域的研究包含了来自世界各地的学者的关注和各类高等级期刊的刊登。为了更深入地分析文献检索结果，从发表年份、作者所属国家和地区、所登期刊以及研究方向四个方面对文献进行整理统计。

首先，按年份统计文献结果如图2-1所示，近十年来单元装配构建问题一直是研究的热点问题，虽然在2012年发表数量有所减少，但整体上呈现逐步上升的趋势。尤其2015—2017年的3年内，均超过百篇研究成果发表，至2017年达到近些年成果发表数量的最高值，且2018年仅五个月的研究成果有52篇。与此同时，近十年发表的研究成果总数超过全部检索结果总量的80%。以上统计结果说明单元装配构建问题在近十年内得到了广泛的关注，是研究领域的热点问题，并且近五年的研究成果数量稳步上升，研究热度依旧走高。结合我国正值制造业转型时期，对于先进生产方式的适用条件和实施步骤切实需求的现实，对于单元装配构建问题的研究既符合现实需求也顺应国际主流的研究趋势。

其次，按作者所属国家或地区进行分类统计，发表成果数超过五十篇的检索结果如图2-2所示。其中排名前五位的分别为中国、美国、伊

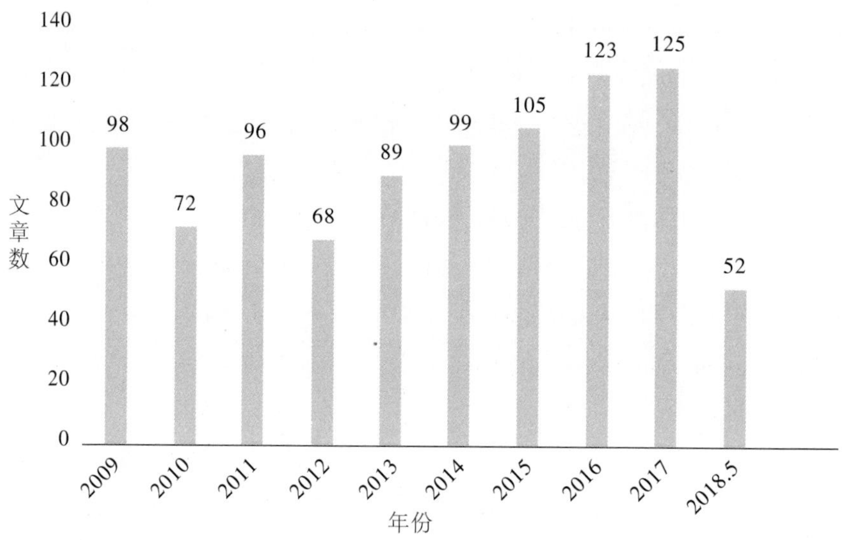

图2-1 发表年份统计

朗、印度和英国。作为制造业大国，我国学者的研究成果有250篇之多，排在检索结果中第一名的位置，说明我国对该领域的研究基础较好。值得一提的是在检索结果中，各国学者的合作研究占据了重要的位置，尤其是我国学者在研究过程中越来越多地和国际学者展开合作研究并发表重要研究成果。这也从侧面说明，先进生产方式的研究与拓展离不开国际交流与经验借鉴，参考不同经济体制下的先进生产方式对选择适宜的生产模式和提升生产效率有重要的促进作用。在引进国际先进生产理念的同时，应结合我国的生产企业现实诉求，最大化发挥科学生产方式在特定情境下的作用。

再次，按照来源出版物对检索结果进行统计，其中发表研究成果数量超过15篇的出版物按发表篇数由高到低排列结果见表2-1。众多期刊中“International Journal of Production Research”和“International Journal of Advanced Manufacturing Technology”对单元装配制造领域的关注最多，分别刊登了89篇和87篇相关文献。文献发表多集中于系统科学、计算机科学和管理科学领域范围内的期刊，其中不乏“International Journal of Production Economics”，“Expert Systems with Applications”，“Journal of Manufacturing Systems”，“European Journal of Operational Research”

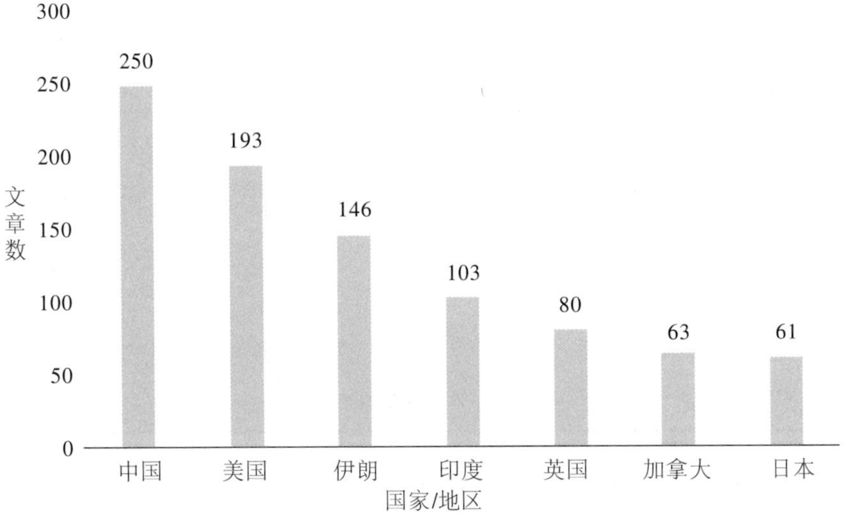

图2-2 国家或地区统计

等认可度和影响因子都较高的期刊。这说明单元装配调度问题关乎实际生产需要，又涉及较深入的科学理论知识，值得从系统、科学的角度进行建模优化解决实际问题。

表2-1 **来源出版物统计**

来源出版物	文章数
International Journal of Production Research	89
International Journal of Advanced Manufacturing Technology	87
Computers and Industrial Engineering	39
International Journal of Computer Integrated Manufacturing	25
Computer Integrated Manufacturing Systems	22
Expert Systems with Applications	20
Journal of Manufacturing Systems	20
Computers Operations Research	18
Lecture Notes in Computer Science	18
International Journal of Production Economics	16
European Journal of Operational Research	15
Journal of Intelligent Manufacturing	15

最后，按研究方向对检索结果进行分类，成果数量在20篇以上的结果见表2-2。由表内数据可知，在全部文献中，属于工程类的研究成果占据了最高的比例，共计1 058篇。除此之外，对单元装配构建问题的研究分布在计算机科学、商业经济、数学、运筹管理科学以及自动化等研究方向，属于管理科学与工学、理学的交叉研究领域。基于此，本书主要结合以上各研究方向中的理论知识和研究方法，旨在通过优化单元装配构建问题的模型建立、方法选择，并总结其中的科学理论和运转机制，以丰富现有的理论知识以及提供现实的管理建议。

表2-2 **研究方向统计**

研究方向	文章数
Engineering	1 058
Computer Science	717
Business Economics	638
Mathematics	604
Operations Research and Management Science	301
Automation Control Systems	245
Robotics	94
Telecommunications	80
Science Technology Other Topics	53
Metallurgy and Metallurgical Engineering	42
Transportation	33
Energy Fuels	29
Environmental Science and Ecology	24

2.2 先进生产组织管理方式的演进

随着经济水平的不断提升，消费者对商品的要求也逐渐发生变化。制造企业在响应市场需求的过程中，不断探索和完善其生产管理模式。

其中较为公认的主要生产管理模式有：以泰勒科学管理为代表的科学生产（Taylor 和 Winslow，1911），以福特汽车为代表的大规模生产（Hounshell，1984）（即流水线装配生产模式）和以日本丰田汽车为代表的丰田生产模式（Toyota production system，TPS）（Jones 和 Daniel，1990）。总结生产方式的变革历程如图2-3所示。

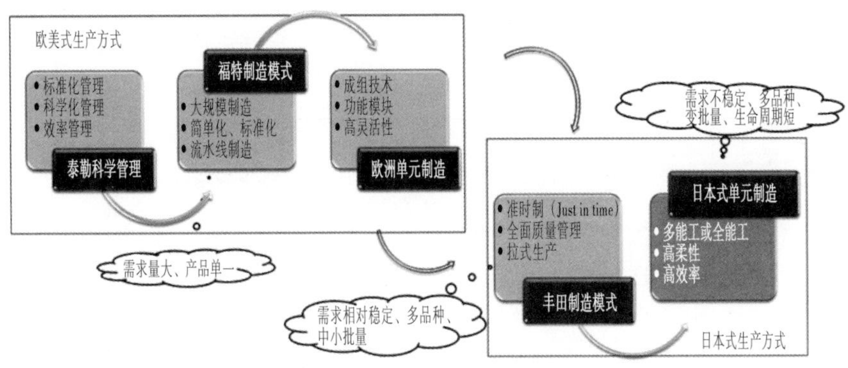

图2-3 生产方式的发展变革

20世纪初，泰勒的科学管理用于生产管理极大地提高了生产效率。科学管理原理的主要组成为作业管理、组织管理和管理哲学。通过对工人日常工作的观察和研究，将工作过程的动作和操作顺序等内容标准化，从源头避免工人在操作过程中由于经验不足等因素引起的效率低下。通过合理的工作内容和工作方法的设计，将工人工作标准化，采用新型的工资计价标准，在提升生产效率的同时提升工人的工作满意度。福特将科学管理原理应用于汽车制造，并结合著名的亚当·斯密的劳动分工论，通过流水线生产模式实现了大规模生产（Mass production）。泰勒的科学管理和福特的大规模生产代表美国式的生产模式，通过对T形车生产流程的合理分割和工艺设计在极大地提高生产效率的同时降低了成本，这不仅使小汽车进入美国普通居民家庭，改变了美国人的生活方式，进而改变了整个人类的生产和生活方式，也正式开启了现代工业的开端。但流水线装配模式主要适应于需求量大、产品单一的市场需求环境和简单化、标准化的产品技术特征，不能适应需求多样化、批次小而多变的情形。单元装配系统与流水线装配系统的比较（唐加福和于洋，2017）见表2-3。

表2-3　　单元装配系统与流水线装配系统的比较

比较项目	单元装配系统	流水线装配系统
柔性	高	低
生产批量	不谋求大批量，适应小批量	谋求大批量，不适应小批量
库存	不产生大量成品库存，有时需要半成品库存、在制品库存低于流水生产线	容易产生大量成品库存，需要半成品库存，存在在制品库存
生产方式	适合按订单生产方式	适合按计划生产方式
组织管理	多能工、自治	分工
生产形式	并行化	串行化
目标	追求所有工人效率最高	提高最慢工人效率
设备投资	低	高
自动化程度	低，以手工操作为主	高
工人积极性	高	低
对待工人	提倡发挥主观能动性	被动管理
能源消耗	低	高
不合格品	追溯容易，改进时对生产影响较小	追溯较难，改进时对生产影响较大
完结性	1人完结或少数几人完结	需多人完结
布局	直线、U形、货摊形、花瓣形	直线
适用情况	工人是多能工或全能工，多品种小批量、变品种变批量	工人多是初学者，大规模生产
缺点	需要全能工、管理难	柔性低、受瓶颈工人制约、投资高，不适应于多品种小批量需求
优点	柔性高、受瓶颈工人影响小、投资低，适于多品种小批量，甚至变品种变批量	不需技能高的工人，大规模生产时效率高，工艺分工致使管理简单

为了适应多品种、中少批量的市场环境，欧洲工业企业和日本企业分别提出了单元式生产（Cellular manufacturing，CM）和丰田生产模式（TPS）。单元生产方式作为成组技术的应用，是在生产单元中根据设备功能的相似性对其进行分组从而对零件族进行生产加工的一种先进生产方式，代表了传统欧洲式单元生产模式。单元生产方式不但具备手工作坊生产方式中的高弹性，还兼具大批量生产方式的高效性的优势（王晓晴，2009）。虽然单元装配系统的思想来源于欧洲单元生产模式，但是二者之间有显著差异。对欧洲单元式生产与本书所研究的单元装配系统之间的区别，在后文中会有详细的梳理。

丰田生产模式利用一个流水线生产相近产品的混装模式，解决了需求相对稳定情形下的中小批量的生产问题，其核心内容包括拉动型准时制生产（Just in time，JIT）、全面质量管理和团队工作方法、精益生产（Lean production）等，代表了日本式的生产方式。由日本的资源有限性和精益求精的生产理念所引导，丰田生产模式和福特流水线生产模式相类似都出现在汽车生产企业。不同的是，丰田生产模式应对的是品种繁多、批次较小且频繁更替的市场需求。其核心思想是在生产制造过程中，尽量减小不增值部分的时间、成本等多方面资源的浪费。在20世纪末，丰田公司凭借丰田生产模式横扫全球汽车市场，一举超越福特公司的领军地位。

虽然丰田生产方式得到全球各类生产企业的青睐，但是这也并不是解决所有生产问题的必胜法宝。例如，汽车行业独有的特征为较长的订货期，购买者可以为了一辆汽车等待一到两个月的时间，尤其是特殊的车形。因此，制造商可以面对一定阶段内的多种需求调整生产和采购计划，以达到成本最低、效益最高的目标。而对于生命周期较短的产品，如数码相机、智能手机等，顾客的等待时间极短，如果不能快速得到该产品则可能被其他类似产品或新兴产品所取代。例如，20世纪90年代，索尼和佳能试图采用TPS的混合产品线改善生产电子产品的流程时并未取得成功。分析其原因发现，当产品需求不稳定、多批次、小批量时，TPS生产线的快速转化不能起到任何作用。因此，索尼和佳能等日本企业为了解决这些问题，创造性地提出了佳能式的单元生产（Canon cellular production)，或称丰田细胞式生产，管理学者后来称之为单元装配系统（Seru production system，SPS）（Stecke 等，2012；Yin 等，2008）。单元装配系统与丰田生产模式的比较（唐加福和于洋，2017）见表2-4。

表2-4 单元装配系统与丰田生产模式的比较

	比较项目	单元装配系统	丰田生产模式
相同	市场环境	多品种小批量、变品种变批量	多品种小批量
	减少浪费	零库存、准时制、看板	零库存、准时制、看板
不同	组织方式	多个Seru	混合产品生产线
	多能工	必须有多能工	可以有多能工，但非必须
	交货时间	短	长或顾客可等待
	品种变化	为了适应品种变化的生产调整，对原有生产系统影响较小或没有	为了适应品种变化的生产调整，对原有生产系统影响较大
	生产领域	电子工业	汽车工业
	处理异常	相对简单	自动化
	所用设备	简单、便宜、轻且可移动	昂贵且多功能
	重组和调整	可以快速地根据市场的变动进行人员和设备的重组与调整	由于设备的原因不适合进行频繁的重组和调整

2.3 单元装配系统概述

本书的研究重点即为单元装配系统的实施与应用，为了更好地说明问题的意义与背景，本节对单元装配系统的产生背景和概念、特征与优势以及与传统西方单元生产模式之间的区别进行总结和归纳。

2.3.1 单元装配系统的基本概念和产生背景

单元装配系统综合了传统单元制造系统的灵活性和流水线装配的高效性，成为低成本、高质量、迅速响应市场动态变化的生产模式（Miyake，2006）。在日本的众多企业中都得到了不同形式的推广和应用

（Kaku，Zhang和Yin，2017）。Seru是英文单词Cell的日语发音，区别于英文中Cell单元的含义，它是由一个或多个操作台和一名或多名工人为完成一个或多个产品的组装而构成的一个单元装配。与传统的单元（Cell）的本质区别是，Seru特指装配单元、人员是多能工、简单机器，面向产品（Product-oriented）而非功能单元（Function layout）。单元装配系统主要是指将原有的流水线进行分割重组，转化为单元式的生产方式，通过流水线向纯单元装配或流水-单元混合装配的转换，来保留原有流水线较高的生产效率，兼顾单元制造的柔性，同时能够保证生产效率和应变能力两个方面的要求（曹悍璧，2010；酒卷久，2006；刘晨光，廉洁，李文娟等，2010）。依据产品类型和加工工艺的不同以及工人技能水平等因素的影响，流水线装配可以转换为纯单元装配系统和流水-单元混合装配系统。如图2-4所示，流水线上的5名工人全部分配到了两个单元内，两个单元独立装配不同的批次。流水-单元混合装配系统如图2-5所示，除部分工人被分配到了不同的单元外，仍有工人在流水线上。组成装配单元的物理结构也有很多种，但最为常见的是图中典型的U形装配线。

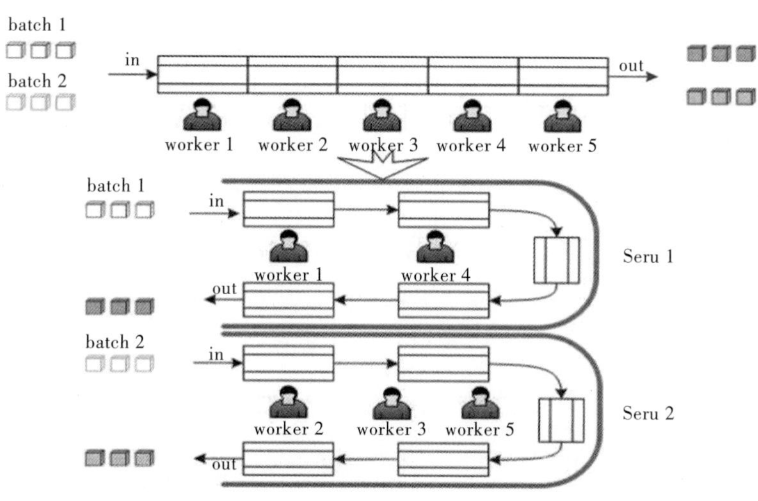

图2-4 流水线装配向纯单元装配转换的举例

资料来源：YU Y，TANG J F，GONG J，etc. Mathematical Analysis and Solutions for Multi-objective Line-cell Conversion Problem［J］. European Journal of Operational Research，2014，236（2）：774-786.

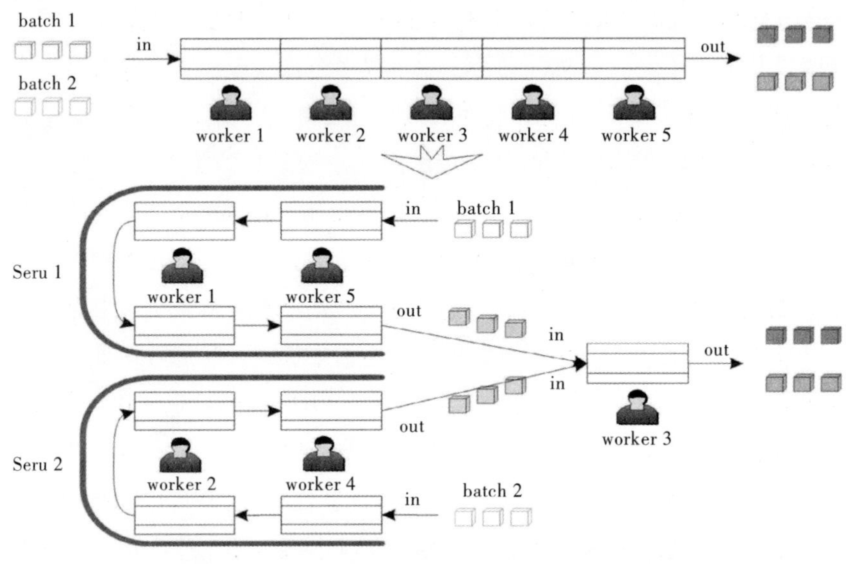

图 2-5 流水线向流水-单元混合装配转换的举例

资料来源：YU Y，SUN W，TANG J，etc.Line-Hybrid Seru System Conversion：Models，Complexities，Properties，Solutions and Insights［J］．Computers & Industrial Engineering，2017（103）：282-299.

20世纪80年代以来，随着经济泡沫的破灭，日本国内需求下降，大量附加价值低的产品生产活动向人工成本更低的发展中国家转移，于是日本本土的生产制造业出现了较大的变革，其所生产的产品多具有科技含量高、附加价值大等特点。随之而来的是该类产品市场需求与大规模需求的不同，即产品的需求是多品种、中小批量的，而且产品技术更新加速、生命周期缩短。在这样的市场需求情况下，原有的被很多人所赞赏的传送带式的生产方式无法适应，因此众多日本公司开始了对新型生产方式的探索。索尼公司从1955年开始便一直通过实验等方式试图寻找更适合公司发展情况的生产模式，其中包括风靡一时的丰田制造模式等。但因为产品类型和制造工艺等方面的不同，索尼公司在咨询了日本丰田专家仁山田后，在索尼公司逐步开展了取消原有长的流水线的改革，并通过各种改革方式，将传送带去除，改变传统流水线的作业习惯，增强生产过程中的灵活性。而后，佳能公司也开展了一系列的去传送带活动，并对较短流水线，或较短装配单元的模式进行了一系列的改革和创新，将新型的单元装配系统（Seru Production System，SPS）发展开来（Liu，Lian，Yin等，2010；Miyake，2006；Sakazu，2005；Yin等，2008；刘晨光等，2010）。

2.3.2 单元装配系统的特征与优势

单元装配系统是结合传统单元制造、流水线制造和精益生产等多种生产模式优势的一种生产方式。Stecke等（2012）更是认为单元装配系统是准时制（Just in time，JIT）生产的延续和扩展，这进一步说明了单元装配系统的高效性和节约性。同时，布局紧凑性、设备精细化以及可调整性是单元装配系统区别于其他生产方式的显著特征。如前文所述，在企业中最为常用的体现出较好成效的U形装配单元就是单元装配系统。在工人交叉培训和设备改进的过程中，U形装配单元通常有三种不同的表现形式，分别为：分散式单元（Distribute）、单人单元（Single Worker）和追逐单元（Chase）（Shinohara，1995），如图2-6所示。最新的文献中更多使用统一的分类标准为：分割式单元（Divisional Seru）、巡回式单元（Rotating Seru）和单人式单元（Yatai）（Stecke等，2012）。

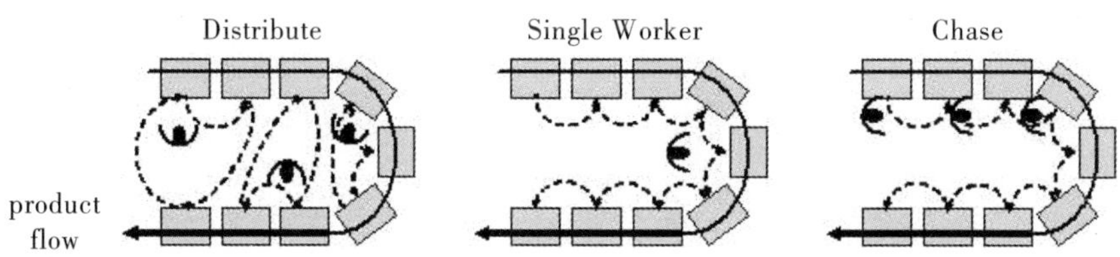

图2-6 U形装配单元的三种基本形式

资料来源：SHINOHARA T.Shocking News of the Removal of Conveyor Systems：Single-worker Seru Production System［J］. Nikkei Mech，1995（459）：20-38.

分割式单元（Divisional Seru），如图2-6的“Distribute”，是指在一个Seru中有多名工人，每名工人只分别负责全部工序的一部分，在完成自己负责的工序后，将工件传递至下一名工人，大家各司其职，保证装配单元的顺利运行。在原有的流水线上工人较多，不能满足产品多样性的情况下，将流水线转换为多个分割式单元，每名工人完成原来多名工人完成的操作，但不完整加工完全部工序，以互相合作的方式完成装配任务。巡回式单元（Rotating Seru），如图2-6中的“Chase”，是指在一个装配单元中有多名工人存在，原有的流水线会转换为多个相似的巡回式单元，每一名工人都可以掌握这个单元中的全部工序，在完成一项生产任务时，工人要从头至尾经过每一道工序来完成生产，中间不会因为能力的原因导致生产的停止。单人式单元（Yatai）是一个日语单词，原意为厨房，是指日本和中国等国家或地区特有的路边摊，主要是表达在路边摊的经营过程中，通常只有一名熟练的操作者完成全部的工作，并且同时可以提供多种不同的食物。Yatai在单元装配生产模式中主要是指一名熟练的工人接受了充分的培训，拥有顶级的技术能力，可以独立完成一个工件在装配单元中从头到尾所有工序的操作，如图2-6中的“Single Worker”。Yatai是装配单元生产模式中无限接近的最理想状态，这如同丰田生产模式中对于零库存的追求，是生产管理追求的目标而不是必须完成的任务。需要强调的是，并不是由一个人组成的生产单元就可以被称作Yatai，而是需要具备全面生产技能的多面手来组成Yatai。不然将所有一个人完成的生产形式都称为Yatai而不考虑生产的效率，那对于单元装配系统的研究就失去了意义（Stecke，Yin和Kaku，2014）。

自1998年开始，佳能公司在其长滨工厂进行了为期两年的由传送带向单元装配系统的转换活动。在各类零部件组装传送带和整机组装传送带向单元装配系统转换的过程中，长滨工厂的各项经营指标都得到了显著的提升：工人数量降低了10%，工厂加工区域的面积缩减了30 000平方米，产品生产周期缩减了33%，利润提升了200%。与此同时，在制品库存大幅度减少且工人的积极性得到了显著提升（Shimbum，2004）。佳能公司各地的54个工厂在实施单元装配系统的前后统计显示，1998年至2003年的六年时间内，共计2 000米长的传送带被单元取代，节省了720 000平方米的车间面积（相当于12个大型工厂的面积），降低了35 976名工人（相当于总用工人数的25%）的人工需求。在降低生产所需资源的同时，佳能公司的生产成本降低了550亿日元，生产效率提升了200%，生产利润提升了973%，温室气体排放量降低了50%

(Sakamaki, 2006)。

2.3.3 单元装配系统与传统制造单元的对比

至今，已有众多国家的制造商开始使用单元装配系统，但究竟日本产业中提炼出的单元装配系统与传统的欧洲单元制造方式存在怎样的区别，学者们仍在用相关的理论与实践知识去丰富。虽然单元装配系统发音源自西方单元制造的词语，但是其转换来源和运作模式等方面都不同于传统西方单元制造（刘晨光等，2010）。

（1）单元装配系统是精益生产和敏捷制造的延伸和扩展。虽然单元装配系统是结合了传统单元制造中通过单元的方式提升柔性的思想来构造的，但是二者之间还是存在一定差别的。单元装配系统并不是简单地将机器和工人摆放到一个临近空间的组合形式，而是融合了精益思想和敏捷制造理念在其中的先进生产方式，这与简单的单元制造是存在差距的（Stecke等，2012）。用一句话简单描述精益生产的思想，就是在必要的时间按照必要的数量生产顾客需要数量的商品。从其定义来看，精益生产的主要目标是通过最少的浪费（包括时间、人工、资源等）来达到生产目标，通过由顾客需求拉动生产的方式来最大限度地减少浪费。敏捷制造是一种具有高度柔性，可以迅速响应客户需求的生产方式。在敏捷制造中可以迅速捕捉由市场反馈的需求信息，并快速响应，以达到生产与需求相一致的目标。相对于传统单元制造而言，单元装配系统是融合了精益生产和敏捷制造的一种更高效、更具柔性的生产组织形式，并且在单元装配系统的内部，员工具有较高的自我学习和自我成长的驱动力（Yin，Stecke，Swink等，2017）。

（2）单元装配系统是由Flow Shop转化而来的。在西方国家兴起的传统单元制造模式是成组技术的延伸，是由Job Shop转化而来的一种生产形式（Wemmerlöv和Hyer，1986），而单元装配系统是由Flow Shop转化而来的生产模式，主要产生于日本的高技术含量的小型产品制造中（Murase，Kaku和Yin，2006）。Job Shop是指采用成组技术将相似功能的机械设备摆放到一起，来共同完成成品或部件的生产，用以应对产品的多样性。Flow Shop是针对需求较大的大规模生产模式，其特点是生产的产品较为相似，且生产能力较强。在流水线的生产条件下，每一个工序都细致划分，每个工序的工人各司其职，通过技能的提升和工具的发明，不断提升流水线的生产能力。但是在Job Shop中，通常是用于较小产量的产品加工，而不是像Flow Shop中一样可以完成大产量的产品生产，因此Job Shop和Flow Shop在产品容量上存在差别。单元装配系统就是指从Flow Shop转化为生产单元的一种生产方式，因此对比从Job Shop转化而来的传统单元制造具有更高的产品生产容量，具有更高的产能（Liu等，2010）。

（3）单元装配系统更关注人的参与。在有关单元装配系统和西方传统单元制造研究的相关文献中，不难发现一个有趣的现象，传统单元制造的定义中多数只强调了机械设备的集中和生产相似产品（或零部件）；而在关于单元装配系统的研究中，众多学者都提出了关于单元装配系统中人的因素（Isa和Tsuru，2002）。如前文所述，单元装配系统是从Flow Shop转化而来的，但是对于工人的要求却高于在Flow Shop中的情况。在Flow Shop中，每个操作者只要完成自己所在工序中简单的几个操作就可以达到要求，而在单元装配系统中，工人作为重要组成要素，具有自我学习与提升的能力，应该是经过交叉培训的，可以完成部分或全部单元内的工序内容。通过不断的自我学习和培训，最终能够成为多面手，甚至独立一人完成单元装配系统中的所有工作内容，也就是单元装配系统生产模式的最佳状态，单人式单元（Yatai）（Stecke等，2014；酒卷久，2006；武内登，2014）。除此之外，工人参与设备的设计和单元内部结构的改进，也是单元装配系统的一大特点（Sakazu，2005）。

（4）单元装配系统的组织形式多样化。在单元装配系统的构建形式方面，也存在比传统单元制造模式更丰富的组织形式。前面我们提到，在单元装配系统的构建过程中会更加关注人的参与，因此，管理者所期待的单元装配系统是具有高柔性和可变性的生产组织形式。每个单元中工人的数量、设备工具的布局、物料或者工人的移动方式等都存在多种变化。除了U形单元常见的三种方式：分割式单元（Divisional Seru）、巡回式单元（Rotating Seru）和单人式单元（Yatai）之外，工人移动式和直线式等多种方式也存在于单元装配系统中（Miyake，2006）。

（5）单元装配系统具有更高的柔性。在现实应用中，单元装配系统表现出了众多优势，如综合了精益生产和敏捷制造、员工的多技能等。在这些优势的作用下，单元装配系统具备了更突出的优点，即柔性（Mohammadi 和 Forghani，2016；Zohrevand，Rafiei 和 Zohrevand，2016）。前文提及的多品种、变批量、产品生命周期短等问题，一成不变的生产组织形式已无法应对，单元装配系统的存在可以较好地解决这些问题。单元装配系统可以只有一个单元或者有多个单元，甚至是单元和流水线的混合形式，这大大扩充了单元的变化空间。在加工产品所需要的工序发生变化时，可以通过更改单元中设备的组成、增加或减少单元中工人的数量、改变单元的数量等方式来解决。由于前期对工人的技能培训和产品生产工序的充分认识，单元的转变毫不费力，给企业的生产过程带来了极高的柔性（Sakazu，2005）。

虽然单元装配系统与传统欧洲单元制造系统都具备单元形式的布局和类似的特征，但在诸多方面存在不同，总结它们的相同点和不同点（唐加福和于洋，2017）见表2-5。

2.3.4 单元装配系统实施的基本过程

单元装配系统并非适用于全部的制造企业，只有在企业所处的市场环境和内部的组织能力达到一定条件时，才可以顺利地实施单元装配系统。通过对相关企业的案例研究，学者们总结了单元装配系统实施的内外部必备条件以及典型的过程（Yin等，2017），具体如下：

（1）流水线装配的效率不足以支撑客户需求波动的增大，生产者不得不从策略层面考虑增强响应市场的能力。

（2）通过资源重置和替代、交叉培训以及增加自动化等方式利用分割式单元装配系统取代流水线装配系统。

（3）结合工人经验，开发相对便宜和容易复制的设备替换昂贵的专用设备，降低设备成本和占用空间。

（4）通过交叉培训的不断推进，分割式单元逐步可以进化为巡回式单元和单人式单元。

表2-5 **单元装配系统与传统制造单元的对比**

	比较项目	单元装配系统	传统制造单元
相同	市场环境	多品种小批量、变品种变批量	多品种小批量
	布局	多采用U形等紧凑布局	多采用U形等紧凑布局
	工人技能	多能工	多能工
不同	出现的背景	20世纪90年代中期的日本工业界	20世纪60年代中期的欧洲工业界
	单元的译名	Seru	Cell
	面向的中心	以工人为中心，是面向工人的生产方式	以昂贵的机器为中心，是面向机器的生产方式
	目标	克服流水线生产柔性不足和瓶颈工人对整个流水生产线性能的负面影响	提高面向工艺专业化的车间作业方式的效率
	关键技术	单元构造与单元调度	成组技术
	加工类型	主要面向组装过程，如检查、封装和捆包等	机械加工、清洗、成型、铸造和热处理等加工过程
	所用设备	简单、便宜、轻且可移动	昂贵且多功能
	单元构造	工人到单元的指派以及设备布局	设备成组以及设备布局
	关注的相似性	工人技能水平的相似性	工件/产品的相似性
	多能工培养	操作单元中多道工序的多能工	能操作相似工件/产品的多能工
	重组和调整	可以快速地根据市场的变动进行人员和设备的重组与调整	由于设备的原因不适合进行频繁的重组和调整
	进化	持续改进与进化，从分割式单元向巡回式单元进化，并向单人式单元进化	没有明显的进化趋势

（5）随着单元装配系统各项指标的成熟，单元装配的可重置性需要进一步提高，面临需求变动时可以迅速地调整生产结构。

为了更好地指导生产管理者在其组织内部成功地实施单元装配系统，Yagyuu（2003）将单元装配系统的实施分为八个步骤，分别为选择生产系统和产品类型、调研和改进现有的生产环境、生产系统的科学设计、生产操作的规划、操作者的培训、生产平衡、低自动化程度设备的重设计和标准化生产过程。在此基础上，Liu等（2014）从生产管理者的角度提出了实施单元装配系统的一个通用的实施框架并总结了一些可操作的基本规则。通过对众多成功实施单元装配系统的案例和大量的文献梳理，为生产管理者提供了较为详尽的实施步骤和注意事项。具体框架如图2-7所示。

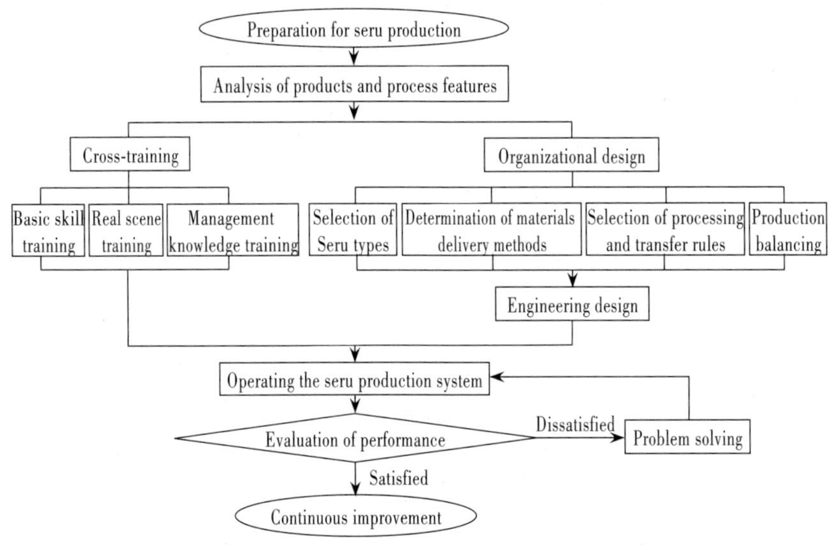

图2-7　单元装配系统的实施框架

资料来源：参考文献（C. G. Liu等，2014）。

除此之外，Zhang等（2017）通过整理相关文献总结出成功实施单元装配系统的四个关键技术，分别为流水-单元转换，设备改进，多能工的应用和配送系统的优化，并分析了四个关键技术对可持续发展的正向影响。

2.4 单元装配系统构建问题的综述

在这部分，从单元装配系统构建问题的常用目标、模型构建方法和求解方法三个方面对现有的研究加以总结和分类。其中优化目标分为经济性目标、时间相关目标和生产效率相关目标等，模型构建方法主要包括整数规划法、随机规划法、模糊优化法和鲁棒优化法，求解方法主要包括仿真方法和基于启发式算法的方法。

2.4.1 单元装配系统构建问题的常用目标

由于制造企业的关注点不同以及现实状况的差异，在向单元装配系统转化的过程中通常会采用不同的优化目标，较为常用的可以分为经济性目标、时间相关目标和生产效率相关的目标等。

首先，企业经营的最终目的是赚取更多的利润，因此经济性目标是企业最为关注的指标，而作为生产环节的重中之重是节约成本。在生产系统设计的众多文献中，成本是涉及较多的经济性指标。一方面，作为以人为中心的单元装配系统，多能工的培训成为成功实施系统的关键环节，因此多能工的培训成本成为学者的主要优化目标（Liu等，2013；Manupati，Deepthi，Ramakotaiah等，2015；Ying和Tsai，2017）。另一方面，对于技能提升后的高技能水平工人，企业要支付更高的雇用成本，如何合理地使用多能工，既满足市场需求又兼顾用工成本也成为众多学者的研究对象（Shao，Zhang和Yin，2017；Wang和Tang，2017）。系统的生产准备成本（Alfieri和Nicosia，2014；Johnson，2005；Ying和Tsai，2017）、库存成本以及在制品成本（Johnson，2005；Kaku，Gong，Tang等，2008）等也共同组成了优化目标。

其次，能否迅速地响应市场需求，产品生产的交货期等与时间相关的目标也是制造企业竞争力的主要指标。其中学者最为广泛关注的是总产出时间，即产品在生产系统内的停留时间（Kaku等，2008，2009；Kaku，Murase和Yin，2008；Liu等，2015；C. G. Liu，Li，Lian等，2012；Manupati等，2015；Shao等，2017；Villa和Taurino，2013；Yu，

Gong，Tang等，2012；Yu，Sun，Tang，Kaku和Wang，2017；Yu，Sun，Tang等，2017；Yu等，2014；Yu等，2013；Yu，Tang，Sun等，2013；Yu，Wang，Tang等，2016；王晔，唐加福和赵林度，2018）。另外，通过合理的设计工人组合和现场布局，工人的总工作时间也是重要的优化指标（Kaku等，2008，2009；Yu，Sun，Tang等，2017；Yu等，2014；Yu等，2013；Yu等，2016），这可以大幅度提高工人在生产现场的工作效率，减少无效工作时间。与此同时，生产准备时间或换产时间是应对多种类产品的生产组织所面临的严峻挑战，也是学者们关注的重要指标（Johnson，2005；Kaku等，2009；Yu，Sun，Tang等，2017）。

除与成本和时间相关的目标之外，一方面，作为生产服务系统，相关的市场响应能力指标也是研究的重点。系统的生产效率（Johnson，2005；Kaku等，2008；Yu，Sun，Tang等，2017）、面对市场需求的服务水平（Wang和Tang，2017）、库存周转率（Kaku等，2008）、装配单元的负荷量（Luo，Zhang和Yin，2016）都成为最主要的优化目标。另一方面，系统内工人之间的工作平衡程度和单元之间总加工时间的平衡程度（Lian，Liu，Li等，2018；Yong Yin，Stecke等，2018；Yu，Wang和Ma，2018）、工人工作时间的利用率（Shao，Zhang和Yin，2016；Villa和Taurino，2013）以及系统的温室气体排放量（Liu等，2015）等系统本身的性能指标也是学者们较为常用的优化目标。

2.4.2 单元装配系统构建问题的模型构建方法

2.4.2.1 整数规划法

对于确定性市场环境下的单元构建问题，多以整数规划或混合整数规划模型描述现实管理问题，并采用响应的数学方法或软件工具求得最优解。

Süer（1996）以单元系统中的工人配置和单元载荷为研究对象，以获得可变操作者水平和最优操作者与产品分配为研究目标，构建混合整数和整数模型。通过生产企业的真实案例，证明所提出方法的有效性，并为管理者提供实施该方法的步骤。

Defersha和Chen（2006）以动态单元构建为研究对象，基于零部件的工装要求和设备工具可用性构建数学优化模型。模型目标综合考虑了动态单元配置、可变加工路径、批次分割、操作顺序、同类设备的复用、设备产能、单元间工作量的平衡、操作成本、外包成本、工具购置成本、生产准备成本、单元规模限制和设备距离限制等因素，并通过数值实验证明模型的正确性和潜在优势。

Kuo和Yang（2007）以操作工在多生产线上的分配问题为研究对象，考虑操作工的技能差异和生产线的产品差异等因素，构建混合整数模型。以薄膜晶体管液晶显示器的检查和包装环节为实例进行实证研究，结果表明模型和方法具有实践意义。

Şen和Çınar（2010）以单元生产系统中的工人配置问题为研究对象，提出了一种便于基于定性和定量标准评估算子性能、估计性能变异性度量和确定具有多种技能的算子的同质集等预分配决策的方法。该方法综合了模糊层次分析法、最大最小值法和非参数统计检验，并在土耳其电子工业公司的实际应用中证明了该方法在现实生活中的适用性。

在成组技术中，单元生产系统的构建一般分为两个步骤：一个是产品族的划分，另一个是设备的单元划分。Hung等（2011）通过构建模糊关系数据聚类算法，划分产品族和设备分类。实验数据表明，该方法取得了较好的效果。

Renna和Ambrico（2014）为应对频繁波动的市场需求，以单元制造系统的可重构性设备设计为研究对象，构建单元系统设计、单元的重构和单元调度三个数学模型，并运用LINGO®软件包进行建模求解。主优化模型关注单元制造系统的设计，将非确定需求描述为若干固定概率的场景。第二个模型是为了优化在一个特定的阶段内，单元系统的重构方案。第三个模型是确定如何将生产任务分配到各个单元中的分配模型。将提出的构建方法与非重构设备模型做比较，并试图考虑利用预留单元构建模型。实验结果表明，所提出的方法可以较好地完成可重构设备在动态单元构建问题中的应用。

Kuo和Liu（2017）考虑单元内人力交互因素，研究单元制造系统设计问题中的操作者分配问题。第一阶段，构建整数模型以得到生产任务和工作站的最优配置关系，同时为每一个工作站分配一名工人。第二阶段，结合第一阶段的结果以最小化使用工人数量为目标，构建混合整数模型。为了便于对比，整数模型的构建过程假设不存在单元间的工人交互调整。结合自行车装配企业的真实生产案例，通过数值试验证明所提出的模型和方法可以节省人力并提升工作产出效率。

2.4.2.2 随机规划法

制造企业所面临的市场需求千变万化，在应对非确定需求的过程中，随机优化是解决问题的强大工具。其主要依赖于历史数据和分布规律，依据现有的信息预测未来需求的分布从而进行生产准备，应对需求的变化。

Rabbani等（2011）以场景发生概率的方式描述非确定需求，以最小化多方成本（如设备固定成本、可变成本单元的构建成本和单元间移动成本等）和最小化单元间的载荷差异为目标，构建两个阶段多目标随机优化模型，并开发两个阶段模糊线性规划方法求解。

Egilmez等（2012）以操作时间和市场需求均服从正态分布为前提条件，以特定风险水平下最小化单元和设备的数量为优化目标，构建单元构建问题的随机模型。问题考虑了设备和人力密集型单元系统，并实施了大量数值实验，验证了随着风险水平的上升，单元和产品族的数量都会减少，而单元的平均利用率上升。

考虑随机概率分布的市场需求和设备稳定性，Aghajani等（2014）以最小化系统整体成本（包括设备运作成本、内部生产成本、单元间物料传递成本和外包成本）、机器利用不足成本和多阶段系统故障率为目标，构建多目标优化模型，并运用非支配排序遗传算法求得帕累托前沿。

Egilmez等（2014）以多技能工人分配问题为研究对象，以非确定性的操作时间和市场需求为前提条件，构建随机优化模型。为求得最优的人力需求配置、单元载荷和工人个体的分配，共构建三个非线性随机模型。

Eğilmez和Süer（2015）以劳动密集型单元生产系统为研究对象，考虑操作时间为随机变量，以最小化工作延误率为目标，构建随机非线性优化模型。

Zohrevand等（2016）以动态单元构建为研究对象，考虑需求非确定性和工人相关因素，以最小化设备采购成本、设备重置成本、单元间移动成本、加班时间、工人的变动情况和工人的单元间移动，最大化劳动利用率为目标，构建多目标随机优化模型。

2.4.2.3 模糊优化法

当无法确切得到非确定性因素的分布概率或限定条件的具体表达方式时，模糊优化法也成为求解单元构建问题的重要方法。

Safaei等（2008）以动态单元制造系统构建问题为研究对象，考虑需求的非确定性，以多阶段的产品组合和需求量动态变化的情景为研究背景，构建混合整数规划模型，并以模糊优化的方式改进所构建模型。以最大化给定约束条件下的模糊目标隶属度函数为目标，决策最优的单元配置并给出各阶段的转换方案，并通过大量数值试验验证模型和方法的有效性。

Arıkan和Güngör（2009）以单元制造系统设计问题为研究对象，考虑非确定需求环境，以最小化单元外操作和最大化设备产能利用率为目标，构建多目标模糊数学规划模型。模型中产品需求和设备产能均以模糊变量进行描述，并开发两个阶段求解方法再结合经典文献数据对模型进行求解，验证模型和方法的有效性。

Safaei等（2009）考虑需求和设备产能的非确定性，运用模糊参数规划解决动态单元构建问题。通过大型数值试验证明，构建的模糊规划模型能够在非确定性因素下从所有可能实施方案中更好地甄别出最优方案。

Süer等（2009）以劳动密集型单元生产系统为研究对象，考虑操作者的不同模糊属性，以最小化无效操作和最小化总人工需求为目标，构建多目标模糊优化模型。模型主要决策构建单元的数量、开放单元的规模、产品分配到单元的方案以及产品在单元内的加工顺序。模型的模糊性来自目标值的模糊期待值。为求解该模型，采用模糊数学规划方法，由最小值、模糊和、模糊或、最小有界和、加法和乘积这六个不同的模糊算子定义该模型的模糊期待函数。

2.4.2.4　鲁棒优化法

当新产品系列投产或者新技术融合等情景下，企业面对难以准确描述的市场需求时，随机优化无法发挥作用，鲁棒优化法就得到了更多学者的关注。鲁棒优化（Robust optimization）法最早由Mulvey等（1995）提出用于解决期望成本和随机规划中变化性之间的权衡。

Gao和Chen（2005）将非确定性产品需求描述为可能的概率场景，构建鲁棒优化模型解决单元构建问题，优化目标为最小化设备成本和预期的单元间物料传递成本。在考虑需求动态变化的情境下，如果在生产计划阶段就构建固定的单元结构会要求每个单元都必须可以生产各个阶段的所有产品族，这会产生一系列成本问题。

为解决非确定环境下的多点聚合生产计划问题，Leung等（2007）通过鲁棒优化模型解决非确定环境下的多点聚合生产计划问题。

为了减少设备的重新布局和构建固定单元所带来的劣势，Pillai和Subbarao（2008）提出鲁棒优化模型构建单元系统，模型的目标是最小化单元间的物料传递成本以及设备购买成本。

Pan和Nagi（2010）提出了在面临非确定需求下的市场新机遇时如何结合敏捷制造环境设计供应链。模型整合了物流和生产成本的优化，同时考虑了供应链上下游成员的成本。

Zanjani等（2010）针对锯木厂由于原材料的质量参差不齐，生产时间有较大的随机性，提出了多阶段、多产品的生产计划的鲁棒优化模型。模型的主要目标是均衡延期交货或库存成本与决策者对顾客满意水平差异性的风险厌恶程度。

Paydar等（2013）综合考虑供应链和单元构建问题，构建混合整数模型优化设备采购成本和生产计划成本。同时定义了市场需求和设备产能的非确定性因素，运用鲁棒优化法求解提出模型并求得最优解，并且通过一个典型的设备生产商的真实案例来解释模型的有效性和鲁棒性。

Vahdani（2014）通过构建零一整数规划模型优化多单元自动生产系统的配送车定位问题。该模型主要考虑的非确定性因素包括配送车在单元或设备间的成本、运行时间，平均配送时间和配送车的可用概率。

通过鲁棒优化理论重构原有的零一整数模型，并通过对比试验的方式验证所提出的鲁棒模型所求解的鲁棒性。

Aalaei和Davoudpour（2017）综合考虑多工厂布局、多市场分配、多产品类型等重要的生产相关因素，构建数学模型以最小化总库存成本、单元间物料传递成本、外部运输成本、不同厂区间的生产固定成本以及设备和人工成本。通过假设积极、消极和普通三种需求场景，采用鲁棒优化法求得模型的最优解，并以一个典型的设备生产商的真实案例，说明模型和方法的有效性和鲁棒性。

2.4.3 单元装配系统构建问题的模型求解方法

2.4.3.1 仿真方法

Kesen等（2009）研究三种不同类型的系统，即单元布局（CL）、进程布局（PL）和虚拟单元（VCs）。通过使用基于产品族的调度规则来构建虚拟单元，该规则是由进程布局中的部件分配算法开发的。运用仿真的方法对比三类系统的性能指标，如平均节拍时间和平均延迟。结果表明，虚拟单元具备更好的系统性能。同时，开发一种基于蚁群优化的元模型，通过现有的仿真方法多次运行证明运用元模型可以更快地获得较好的结果。

Gong等（2011）提出了一种基于仿真的生产线（AL）和装配单元（AC）制造系统在实时（JIT）导向的生产环境下实时分布式到达时间的性能比较的结果。在分布式制造系统中，采用分布式到达时间控制（DATC）系统对两个制造系统进行性能比较，具有可扩展性和实用性。它将AL和AC之间的比较范围扩展到实时环境中。此外，研究包括了四种工作站数量、四种组装任务时间的标准差和两种系统类型。结果表明，装配单元具有优于基于JIT的装配线的能力，并且可以更好地处理较大的变异性而方差不发生较大变化。研究表明，分布式到达时间控制系统可以为制造系统的调度提供稳定性。

Azadeh等（2013）提出了一种集成模糊数据包络分析（FDEA）和模糊计算机仿真方法来优化多产品单元制造系统中具有学习曲线的操作员分配问题。在一般的柔性制造系统，特别是单元制造系统中，具有学习曲线的操作员分配是一个具有挑战性的问题。这项工作的主要贡献是考虑到不同的运营商布局和学习效果，利用模糊仿真和模糊DEA。FDEA被用来评估不同级别的非确定性的模拟替代方案。此外，研究考虑并整合学习效果最佳的操作员分配，且案例研究说明了所提出的方法的实用性、有效性和优越性。

2.4.3.2 基于启发式算法的方法

Vembu和Srinivasan（1997）以生产系统工人分配和排序问题为研究对象，假定工人为多技能且可以完成单元内所有机器的操作工作，以最小化最大完工时间为目标构建模型，并提出启发式算法求解该模型。

Chen和Cao（2004）提出了一个单元制造系统设计过程中的生产计划集成模型。在考虑单元系统的一般特征基础上，考虑单元间的物料传递和单元构建的方法。通过转化模型至简单模型，采用改进的禁忌搜索算法求解。

Boulif和Atif（2008）考虑生产系统的非确定性研究单元系统构建问题。通过考虑多周期规划视角，以被动和主动两种方式解决该问题。对于被动单元构建问题，证明其相当于已知需求情景下的单元构建问题。对于主动单元构建问题，提出了最短路径启发式算法和基于遗传算法的方法。当决策者想要为其环境选择最适当的策略时，主动和被动策略之间的决策问题可以通过求解主动单元构建问题来解决。然而，主动单元构建问题的复杂性证明了所提出的求解方法的必要性。

Vin（2009）讨论的单元构建问题与替代工艺计划和机器产能限制相关。给定可供选择的工艺方案、机器产能和要生产的零件的数量，以最小化单元间移动为目标构建模型，主要解决问题为定义每个零件的优先工艺和调度（将操作分组到机器中）和优化机器分组到制造单元中。为了同时解决分组相互依赖问题，提出了一种改进分组遗传算法（SIGGA）。

Deljoo等（2010）利用遗传算法对动态单元构建问题进行求解。由于单元构建是NP难问题，使用经典的优化方法求解模型需要较长的计算时间。因此，改进的动态单元构建模型是使用所提出的遗传算法来求解的，并将结果与最优解进行比较，而且对算法的效率进行了讨论和验证。

Rafiee等（2011）整合单元构建和库存批量设计优化问题，以最小化单元构建成本以及生产相关成本为目标，构建数学优化模型。基于问题的复杂性，开发基于粒子群优化（PSO）的元启发式算法来求解该模型。

Rafiei和Ghodsi（2013）以最小化问题的相关成本（包括机器采购和搬迁成本、机器可变成本、单元间移动和单元内移动成本、加班费用和单元间劳动力转移成本）和最大化劳动力利用率为目标，通过一个新的双目标数学模型讨论动态单元系统构建问题（DCFP）。由于该问题为NP难问题，提出了蚁群优化（ACO）元启发式算法解决这个问题。此外，作者通过将所提出的蚁群算法与遗传算法进行融合，提高了算法的多样性。最后，随机生成一些数值样本来验证所提出的模型，通过该模型展示了所开发算法的优势。

Park等（2014）提出了一种结合遗传算法、仿真和数据包络分析（DEA）的新的集成方法，以最优化工人分配方案。该方法首先通过GA生成一组可行的操作员分配方案，然后使用DEA从仿真中提取多个目标来评估这些方案的效率。从实际案例研究中得到的结果，可以说明所提出的方法的有效性和优越性。

Hassannezhad等（2014）以单元构建问题为研究对象，提出调整自适应差分演化算法求解目标函数并进行了灵敏度分析。首先证明动态单元构建问题为NP-hard问题，然后通过140次运行，两个基础实验的平均运行结果证明所提出算法的计算效果，最后对目标函数值的变化进行统计分析，以图形和统计的方式验证计算结果，对单元构建参数在设计单元生产系统时的重要性提出管理建议。

Ossama等（2014）以可重构制造系统（reconfigurable manufacturing system，RMS）为研究对象，考虑动态生产需求，设计单元生产系统的产品族分类和相应的系统配置，构建混合整数规划模型。设计了新型的重配置规划启发式算法，完成在连续时间周期内对设备和系统级别的一致性确定，并通过求解一个动态的单元生产系统来验证模型和算法。

Liu等（2016）以光纤连接器制造企业为研究背景，考虑企业一方面由工人的学习遗忘曲线引起的工作站生产效率的频繁改变，瓶颈工序也会在不同的阶段发生转换。另一方面由于有限的产能和订单的多变性，延期交货或提前生产在各生产阶段也时常发生，订单通常需要拆分到不同的单元内进行生产。以动态单元系统设计的工人分配和生产计划问题为研究对象，以最小化延期交货成本和库存成本为目标函数构建混合决策模型。为解决复杂目标函数，提出基于混合细菌觅食算法（hybrid bacteria foraging algorithm，HBFA）的启发式算法求解该问题并求得高质量的初始解和最终解。在与离散细菌觅食算法、混合遗传算法和混合模拟退火算法等方法的比较中也证实了所提出算法的高效性和准确性。

Mehdizadeh和Rahimi（2016）以动态单元系统构建问题为研究对象，考虑操作者的分配和单元内外的设备复用与布局，以最小化单元内外的部件移动频次和设备迁移频次、最小化设备和操作者相关成本、最大化产出率为目标，构建优化模型。该问题属于NP难问题，因此提出多目标模拟退火算法（multi-objective simulated annealing，MOSA）和多目标减振优化算法（multi - objective vibration damping optimization，MOVDO）解决该问题，并对比两种算法的求解效率。

Liu等（2018）提出了一种基于动态单元制造的供应链设施转移与生产计划集成模型。为了达到最小化总操作成本的目标，提出了一种新的基于五阶段的启发式（five-phase based heuristic，FPBH）的集成细菌觅食算法（integrated bacteria foraging algorithm，IBFA）。通过实验验证了IBFA、改进的细菌进化算子和FPBH的性能。其计算结果表明：（1）在改进的算子和FPBH下，IBFA所表现的性能更好，（2）在相同的运行时间内，IBFA往往优于基于启发式的遗传算法和基于启发式的模拟退火算法。

2.4.4 非确定需求下单元装配系统构建问题的相关研究

在Seru生产系统的构建研究中，需求前提条件主要分为确定需求、单阶段非确定需求和多阶段非确定需求三种情况。由于确定需求的研究较为广泛，本节主要对后两种情况进行总结归纳。

在单阶段非确定需求方面，Ji等（2016）研究了单阶段由N个部件组成的装配系统优化设计问题，考虑成品需求的随机性和生产装配过程中所产生的各类故障因素，以最小化制造成本为目标，构建优化模型设计单元装配系统。Wang和Tang（2018）以订单随机到达场景下的Seru生产系统设计为研究对象，考虑多能工用工成本与其技能水平相关，以最小化多能工用工成本和最大化Seru生产系统服务水平为目标构建多目标优化模型。通过大规模抽样仿真和启发式算法相结合的方式求得系统的构建方案。在多阶段非确定需求方面，Safaei等（2008）将单元构建问题和单元制造系统所面临的动态需求相结合，考虑当需求在多阶段变化时需要对生产系统进行调整的必然性，提出了一种基于模糊规划的动态单元构建扩展混合整数规划模型的求解方法，该模型在目标函数和工艺矩阵中都有分段模糊数作为系数。Rafiei和Ghodsi（2013）通过构建一个全新的多目标模型解决动态单元构建问题，第一个目标函数是寻求最小化问题的相关成本，包括机器采购和搬迁成本、机器可变成本、单元间移动成本、加班成本和单元间的人工转移成本，第二个目标函数是最大化单元系统的人工利用率，并根据问题特征开发基于蚁群算法的启发式算法进行求解。Renna和Ambrico（2014）提出了一种可重构的单元制造系统以应对动态的市场需求，考虑产品需求的不确定性以离散的概率场景描述，开发子模型管理固定时点的单元重构。Liu等（2015）考虑了生态与经济两个因素，提出了一个符合现代生产需求的生产制造系统，以最小化碳排放和总装配周期为目标构建多阶段Seru生产系统的模型，并针对模型特征开发启发式算法进行求解。

2.5 本章小结

本章首先从多个角度对已有文献进行了系统性梳理，通过市场需求的变化和生产方式的演化进程说明单元装配系统出现的必然性，再从运筹学和管理学角度充分说明单元装配系统的产生、发展和运作原理的基础上，对现有的单元系统构建研究的一般概念、影响因素、优化目标和方法进行系统分类整理，为后续章节的研究奠定坚实的理论基础。

首先，利用Web of Science平台数据库的文献资源，对与本书研究内容有关的关键词进行检索和统计，分析了该领域近十年来的研究热点和期刊的分布情况。通过整理文献分布情况的结果来看，单元装配系统构建问题研究的相关文献平均每年有70余篇的发表量，近十年在各大国际期刊的发文量更是呈现上升趋势，这一结果证实该问题是近二十年的热点问题。除此之外，为了更清晰地展示文献分析的结果，本章从四个方面以图表的形式对文献分析结果进行说明。

其次，总结了典型的生产方式应对市场需求的变革发展情况。系统地介绍了泰勒的科学管理理论、福特流水线制造模式、欧洲单元制造模式和丰田制造模式等生产方式的产生背景以及在何种市场需求下更具优势。同时，通过生产方式、组织管理等方面的指标和特性的对比，分析了以上几种生产方式与单元生产方式的差异、优缺点。

再次，详细介绍了单元生产系统的概念、产生背景。单元装配系统主要是指由一名或多名工人，一些便捷的工具组成的，用于装配一种或多种产品的装配单元。它将原有的装配流水线通过分割重组的方式转化为单元生产方式，通过转换提升系统的柔性，不仅保留了部分流水线的操作方式，还能够具备较好的生产效率。单元装配系统的形成主要有两种情况，分别为纯单元装配系统和流水-单元混合装配系统。二者的区分主要是受产品类型和加工工艺的差异以及工人技能水平等因素的影响。根据工人技能水平和合作方式的差异，可以将装配单元分为分割式单元、巡回式单元和单人单元。与此同时，从理论来源、转化过程、关注对象、组织形式和柔性等方面具体分析了单元装配系统和欧洲传统的单元制造之间的相同点和不同点。除此之外，对于单元装配系统的一般实施步骤加以总结，为业界提供有效的应用方法和参考。

最后，从优化目标、模型构建的一般方法和求解方法三个方面对单元装配系统构建问题的现有研究进行汇总分析。在优化目标方面，依据企业最为关注的优化目标和现实情况，较为常用的可以分为以降低成本或提升利润为代表的经济性目标、以缩短完工时间或交货期为代表的与时间相关的目标以及与服务水平、库存周转率等生产效率相关的目标等。在模型构建方法方面，研究较多的是确定性市场需求环境下的单元构建问题，这类问题由于需求信息较为简单可以构建为整数规划模型或混合整数规划模型，并通过软件工具求得精确最优解。而在应对非确定需求的过程中，如果需求的信息可以依据现有的信息预测，那么随机优化是解决问题的强大工具。当非确定需求的相关因素的分布概率无法确切得到或限定条件的具体表达方式无法精确描述时，模糊优化法也是较为常用的重要方法。当面对特殊的市场需求，企业无法通过经验预测未来的需求分布时，随机优化无法发挥作用，而如果可以简单地掌握需求的上下界，鲁棒优化法就可以更好地解决这类单元装配系统构建问题。在问题的求解方法方面，主要分为基于仿真的优化方法以及基于启发式算法的方法。

本章内容系统地归纳了与单元装配系统相关的概念、理论、研究方法和研究现状。通过对文献的收集发现了有待研究的新问题，通过对方法和问题的相关融合可以为接下来的研究提供坚实的理论基础和参考依据。

第3章　产品组合随机情景下考虑工人合作关系的单元装配系统构建

3.1　子问题背景介绍

本章结合企业现实状况，在需求的产品组合、批次顺序、批次容量的分配规则已知的情景下，考虑单元装配系统中工人之间的合作关系进行流水线装配向单元装配的转换。在有关单元装配的定义中可以得知，其实施基础是降低设备成本，强调多能工和创新型员工的能力提升。在工人的工作过程中，交叉培训、工人之间的交流与互相帮助都是顺利实施单元装配系统必不可少的前提（Stecke等，2012；Y. Yin等，2008）。酒卷久（2006）在描述佳能单元式生产时指出，在单元式生产环境下，工人间频繁的交流和互相帮助在提升团队氛围的同时，增进了彼此的感情和对工作的热情。在一个良好的工作氛围和融洽的合作关系下，工人的工作效率也自然而然会得到提升（由雯，2013），这同时可以提升工人对工作的满意程度并提升企业整体的工作效率。在走访企业的过程中，现实环境下这一问题同样存在。例如，不同工人间存在工作能力和工作方式的差异化，在分配工人组成不同的工作小组时，这些都是需要考虑的因素。

在现有的单元构建问题的研究中，多数考虑了工人间工作能力的差异，但对于工人合作关系的研究却少有提及。Yu等（2012，2014）针对工人间考虑不同产品的加工效率存在差异的情况下进行流水线装配向单元装配转换。通过研究表明，工作能力相近的工人被分配到同一个单元内将得到更短的加工时间和工人平均工作时间。因此作为以人为中心的单元装配系统，工人的个人因素对系统性能的影响是不可忽视的。针对现有文献对这一问题的研究有待丰富以及现实生产的需要，本章将针对考虑工人间合作关系的流水线装配向单元装配系统转换进行研究。

出于解决现实问题和丰富理论研究的需要，本章基于流水单元转换的一般问题，考虑工人之间的合作关系，以最小化总装配周期和最小化工人工作时间为目标，构建流水线装配向单元装配系统转换的多目标优化模型。本章考虑在部分工人之间合作可以提升工作效率与热情的同时，存在其他工人一同工作的时候会有反作用（由雯，2013），本章将以系数α_{il}来表示工人i和工人l之间的合作关系。本章试图通过模型的构建和求解，得到在考虑工人合作关系的条件下的流水单元转换最优方案，为管理者提供解决方案的同时，丰富单元装配构建的科学理论。在求解问题的同时，分析何种合作关系对使用单元装配的企业更为有利，以此为生产管理者提供建议：应该如何调整工人的合作关系以及如何营造工人间的合作氛围。

流水线装配向单元装配转换是一个典型的资源分配问题。将原有流水线上的工人按照一定的优化方法重新组合，成为若干具有相似功能的单元。Yu等（2014）通过分析证明，流水单元转换问题属于NP难问题，即无法在多项式时间内求得最优解。因此如何解决这一复杂问题也是本章的研究重点。根据问题的多目标和复杂的解空间等特征，本章运用基于NSGA-Ⅱ的启发式算法进行求解。数值实验说明：通过小规模算例的求解证明本算法与枚举法可以求得相同的结果，证明了算法的有效性；针对大规模的算例也可以通过算法的相应调整求得较好的帕累托前沿；同时分析合作系数的变化，实验表明考虑工人间的合作关系对总装配周期和工人总工作时间都有积极的影响；较高的整体合作水平和差异性、较大的合作系数均对系统性能有正向的影响。

3.2 考虑工人合作关系的单元构建问题描述与模型建立

3.2.1 考虑工人合作关系的单元构建问题的背景描述

本章描述了一个由流水线装配转化为单元装配系统（Seru production system，SPS）的问题，将原有流水线上的所有单工序工人交叉培训为多能工后分配到单元装配系统中。根据装配产品的不同和工人间合作默契程度的不同，工人将会通过相应的组合分配到不同的单元中。索尼公司通过单元装配系统的应用使总加工时间降低了53%，佳能公司也在应用单元装配系统中减少了25%的劳动力（ Yin等，2008）。总装配周期的缩短可以直接缩短产品的交货期，提升企业的竞争力，因此缩短交货期（也有学者将其称为订货提前期）成为企业界和学者们研究的主要关注点。因此本书基于Yu等在2014年提出的流水-单元转化模型，以最小化总装配周期和最小化工人总工作时间为目标，针对考虑工人间合作关系的流水-单元转换问题构建模型，主要决策是根据生产任务构建单元装配系统的方案，具体决策为需要构建单元的数量、员工在各个单元内的分配方案以及每个批次如何分配到单元。

由于主要研究内容为解决单元系统的构建问题，因此在调度规则方面，简单假设单元装配系统中生产的各批次按照先到先服务（First come first service，FCFS）的方式进行调度分配，即每个批次到达生产系统后会被分配到第一个进入空闲状态的单元中。例如，3个单元8个批次的加工时间以及分配方式如图3-1所示，其中每个长方形表示一个容量不等的产品批次，方框的横向长度表示批次的加工时间，方框内数字表示批次到达的顺序。例如，在批次4到达时，因为单元3首先进入空闲状态，因此批次4被分配到单元3内。

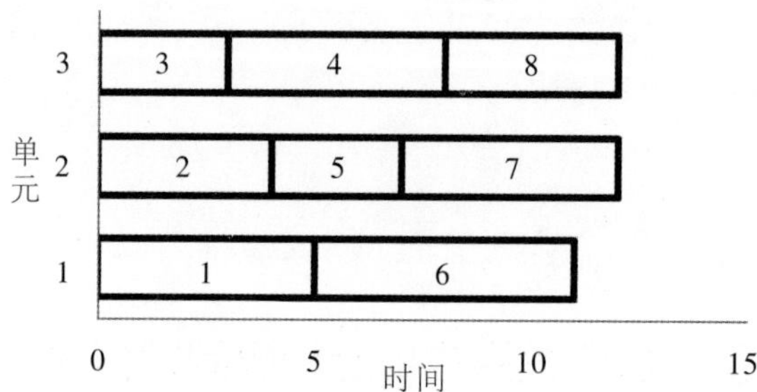

图3-1 先到先服务（First come first service，FCFS）的分配方式

基于考虑工人间合作关系的影响，假设共有M个批次和N种产品，产品组合和需求已知，每个批次只有一种产品类型；单个批次中的所有产品都在同一个单元中进行生产，批次不会被拆分；每个单元内具备完整装配任一种产品的能力，即任何一种产品都可以在任何一个单元中完成全部的装配，不存在工件和工人跨单元的移动；全部待分配工人数与原装配流水线上的工序数一致；每名工人都是全能工，能够独立完成任何一种产品的装配，即每个单元内的工人都可以在单个单元内完成全部的组装任务；不同单元内的工人数可以不同。

3.2.2 模型参数说明

（1）参数。

i，l	工人的索引号，（i，l=1，2，…，W）；
j	单元的索引号，（j=1，2，…，J）；
n	产品类型的索引号，（n=1，2，…，N）；
m	产品批次的索引号，（m=1，2，…，M）；
k	分到同一单元内产品批次的顺序，（k=1，2，…，M）；
T_n	n类产品在流水线上的节拍时间；
α_{il}	工人i和工人l进行合作生产时的合作系数；
α_j	单元j的合作影响因子；
γ_{ni}	工人i生产n类产品时的能力系数；
V_{mn}	二进制变量，等于1表示第m批次的产品类型为n，否则等于0；

B_m 第m批次的产品数量。

（2）变量。

TC_m 第m批次的一件产品在所分配单元中一个工序的装配时间；

SC_m 第m批次在所分配单元中的准备时间；

FC_m 第m批次在所分配单元中的总加工时间；

FCB_m 第m批次在所分配单元中的装配起始时间。

（3）决策变量。

$$X_{ij}=\begin{cases}1, & \text{如果工人 } i \text{ 分配到单元 } j\text{；}\\ 0, & \text{否则。}\end{cases}$$

$$Z_{mjk}=\begin{cases}1, & \text{第 } m \text{ 批次以第 } k \text{ 个顺序分配到单元 } j \text{ 内进行装配；}\\ 0, & \text{否则。}\end{cases}$$

3.2.3 工人合作系数的概念及多目标模型

本书以Yu等（2014）提出的模型为基础，考虑加入工人合作系数作为影响参数，进行单元装配系统的构建。工人合作过程中，合作关系存在以下三种情况：$\alpha_{il}>0$，表示工人i与工人l之间的合作存在生产效率上升的关系；$\alpha_{il}=0$，表示工人i与工人l之间的合作不会对生产效率产生影响；$\alpha_{il}<0$，表示工人i与工人l之间的合作存在生产效率下降的关系。两名工人合作时，合作系数即为α_{il}，在多人合作的情景下，采用取平均数的方式定义单个单元内的工人之间的合作系数，在下文中进行详细介绍。由合作系数的定义可知工人i与工人l之间的合作生产效率与合作系数α_{il}正相关，因此在计算总装配周期的模型中以（$1-\alpha_{il}$）表示合作关系对装配时间的影响。在不考虑合作系数以及工人能力系数时，单名工人i对产品n的单一工序装配时间为T_n。在流水-单元转换过程中，单元j内的全部工人合作关系对加工时间的影响因子α_j按照单元j内全部工人的加工效率平均值计算。在考虑合作系数的情况下，当工人i与工人l共同合作时，任意一名工人完成产品n的单一工序的装配时间就变为$T_n\times(1-\alpha_{il})$。以此类推，多名工人在同一个单元j内工作时，对

工人i的装配时间影响因子可以表示为$\prod_{l=1}^{W}(1-\alpha_{il})X_{ij}X_{lj}$，则工人i对于产品单一工序的装配效率为$1/\prod_{l=1}^{W}(1-\alpha_{il})X_{ij}X_{lj}$。同理可得多人在同一单元内合作时，该单元的合作影响因子α_j如式（3-1）所示。批次在所分配单元中的单个操作所耗费的时间如式（3-2）所示。

$$\alpha_j=\sum_{i=1}^{W}[1/\prod_{l=1}^{W}(1-\alpha_{il})X_{ij}X_{lj}] \tag{3-1}$$

$$TC_m=\frac{\sum_{n=1}^{N}\sum_{i=1}^{W}\sum_{j=1}^{J}\sum_{k=1}^{M}V_{mn}T_n\gamma_{ni}\alpha_jX_{ij}Z_{mjk}}{\sum_{i=1}^{W}\sum_{j=1}^{J}\sum_{k=1}^{M}X_{ij}Z_{mjk}} \tag{3-2}$$

根据先到先服务的调度规则，对于一个到达批次m的分配要对比现有各单元的当前批次完成时间，并选择具备最小值的单元作为第m批次的分配单元，定义该批次的开始装配时间FCB_m为该单元紧邻前序批次的完工时间。当单元内前后相邻两个批次所装配的产品类型不同时，需要对单元内的设备进行一定的调整，产生相应的准备时间，而前后两批次相同时则不需要准备时间。每类产品以给定的参数SCP_n表示第n类产品在单元内的准备时间。基于以上，第m批次在单元内的停留时间包括准备时间和装配时间两个部分。第m批次在单元内的准备时间SC_m、装配时间FC_m和第m批次的开始装配时间FCB_m，如式（3-3）—式（3-5）所示。

$$SC_m=\sum_{n=1}^{N}SCP_nV_{mn}(1-\sum_{m'=1}^{M}V_{m'n}Z_{m'j(k-1)}),\ \left\{(j,k)\middle|\ Z_{mjks}=1,\forall j,k\right\} \tag{3-3}$$

$$FC_m=\frac{B_mTC_mW}{\sum_{i=1}^{W}\sum_{j=1}^{J}\sum_{k=1}^{M}X_{ij}Z_{mjk}} \tag{3-4}$$

$$FCB_m=\sum_{s=1}^{m-1}\sum_{j=1}^{J}\sum_{k=1}^{m}(FC_s+SC_s)Z_{mjk}Z_{sj(k-1)} \tag{3-5}$$

本模型目标为最小化总装配周期和最小化工人总工作时间，各批次的装配以先到先服务的方式进行调度。具体表述如式（3-6）—式（3-12）所示。

$$MS=Min\{\underset{m}{Max}(FCB_m+FC_m+SC_m)\} \tag{3-6}$$

$$TLH=Min\sum_{m=1}^{M}\sum_{i=1}^{W}(\sum_{j=1}^{J}\sum_{k=1}^{M}FC_mX_{ij}Z_{mjk}) \tag{3-7}$$

$$s.t.1 \leqslant \sum_{i=1}^{W} X_{ij} \leqslant W, \forall j \tag{3-8}$$

$$\sum_{j=1}^{J} X_{ij} = 1, \forall i \tag{3-9}$$

$$\sum_{j=1}^{J}\sum_{k=1}^{M} Z_{mjk} = 1, \forall m \tag{3-10}$$

$$\sum_{m=1}^{M}\sum_{k=1}^{M} Z_{mjk} = 0, \left(\forall j \middle| \sum_{i=1}^{W} X_{ij} = 0\right) \tag{3-11}$$

$$\sum_{j=1}^{J}\sum_{k=1}^{M} Z_{mjk} \leqslant \sum_{j'=1}^{J}\sum_{k'=1}^{M} Z_{(m-1)j'k'}, m = 2, 3, \cdots, M \tag{3-12}$$

目标函数式（3-6）表示最小化产品的总装配周期；式（3-7）表示最小化工人的总操作时间；式（3-8）限定了可分配的总人数不超过原有流水线上的工人数；式（3-9）表示每名工人只能被分配到一个单元内；式（3-10）表示每个批次只能被分配到单个单元中，即批次不可拆分；式（3-11）表示产品不会被分配到没有工人的单元中；式（3-12）表示各批次按先到先服务的调度规则分配到各个单元中。

基于先到先服务的单元装配系统构建问题在文献中已证实是NP难问题，无法在多项式时间内求得精确解。针对本模型的多目标特征，本章将采用基于NSGA-Ⅱ的求解多目标优化问题的算法。

3.3 NSGA-Ⅱ算法的研究综述

3.3.1 NSGA-Ⅱ算法简介

多目标优化问题存在帕累托前沿，即非支配解集而非单一最优解，因此无法通过传统的启发式算法求得最优解。针对问题特征，可以运用多目标加权重的方式将多目标优化问题转化为单目标的问题并求解，但是在以往的研究过程中，由于多目标问题的特殊性，运用加权重的方式很难求得实际的最优解，并且在实际操作过程中，由于人为定义各目标值的权重，导致计算结果受人为影响因素过大。为了解决这一问题，学者们提出了用于解决多目标优化问题的启发式算法，如强帕累托演化算法（SPEA）（Zitzler和Thiele，1999）等。

学者们通过调整简单遗传算法的编码方式，已经成功地将其应用到科学、工程、经济和物流等多个领域的多目标优化问题当中。在各种调整方式中以帕累托占优为基础的方式是应用较多的，如向量评价遗传算法（Vector-evaluated genetic algorithm，VEGA）（Schaffer，1985），小生境帕累托遗传算法（Niched Pareto genetic algorithm，NPGA）（Horn，Nafpliotis和Goldberg，2002），强帕累托演化算法（Strength Pareto evolutionary algorithm，SPEA）（Zitzler和Thiele，1999），帕累托实现演化策略（Pareto archived evolutionary strategy，PAES）（Knowles和Corne，1999），基于帕累托包络的选择算法（Pareto envelope-based selection algorithm，PESA）（Corne，Knowles和Oates，2000）等，其中最为学者们广泛使用的是NSGA-Ⅱ算法（Bhoskar等，2015；Valadi和Siarry，2014）。

NSGA-Ⅱ算法由Deb等学者于2002年提出，已被学者们应用于各个领域的研究中。通过在各个领域的应用和检验证明NSGA-Ⅱ算法在求解的速度和效率上都具备较好的效果和速度。首先，NSGA-Ⅱ算法通过非支配排序的方式减小了对比解空间的次数，从而降低了求解的时间复杂度。其次，针对迭代过程中精英解的保留策略更具优势，相对其他多目标算法能够得到更好的最终解。与此同时，一个更大的优势体现在运用NSGA-Ⅱ算法的过程中需要人为输入的参数极少，这避免了由于人为的不正确选择导致的算法求解效率低下的结果。NSGA-Ⅱ算法也因此成了被广泛使用的求解多目标问题的算法。

3.3.2 NSGA-Ⅱ算法的基本原理和特点

NSGA-Ⅱ算法的主要步骤是：

（1）初始化，按照问题的特征和编码规则随机生成给定种群数量的初始种群；

（2）将个体编码按照解码规则转换为符合现实意义的解；

（3）按照目标函数求解每个个体的目标值；

（4）对解集进行非支配排序；

（5）对同一前沿的解集进行拥挤距离的计算，拥挤距离较大的个体具有优先选择机会；

（6）按照选择、交叉和变异等遗传算法的步骤对种群进行改进；

（7）针对父代种群和子代种群的新种群进行精英策略选择，生成新的种群。

虽然精英选择策略会降低种群个体的多样性，但是可以在不失去任何最优解的前提下，以更快的速度得到全局最优解（Deb，1999；Deb等，2002）。

在计算个体适应值的基础上，对解空间进行优劣对比及排序，从而在种群中选择优秀的个体。非支配排序的思路为在两个个体的对比中，若其中个体一的两个目标函数值均优于个体二，或个体一的一个目标值优于个体二而另一个目标值相等时，称个体一占优于个体二，或称个体一支配个体二。对所有的个体进行非支配排序，占优级别越高的个体具有越小的级别编码。在判断同一非支配级别的个体优劣时，为了保证种群中最优解的差异性优先选择处于稀疏地带的个体，即该个体的临近区间内个体密度较小。采用个体的拥挤距离判断该个体在种群中的密度值，拥挤距离较大的个体代表密度较小的更优的个体。其中，个体的拥挤距离是指在解空间中，它所在的非支配解集中离它最近的两个个体构成的长方形边长的均值，具体表达式如式（3-13）所示。

$$C_j = \sum_{i=1}^{N_{obj}} \frac{F_i^{j+1} - F_i^{j-1}}{(F_i^j)_{max} - (F_i^j)_{min}} \tag{3-13}$$

式中：N_{obj}表示目标函数的数量，F_i^j表示在非支配前沿中第j个个体的第i个目标值。如果有两个目标函数F_1和F_2，第j个目标的拥挤距离就是其相邻两个解所组成的长方形边长之和，如图3-2所示（Deb等，2002；Yu等，2014）。

3.3.3 NSGA-Ⅱ算法的演化和应用

NSGA-Ⅱ算法的优点是将帕累托最优结合到了个体选择机制中，每一代种群都通过精英选择和拥挤距离的计算进行排序。个体的拥挤距离计算使NSGA-Ⅱ算法可以在较低的运算复杂程度下获得广泛分布的帕累托前沿集合。近年来，众多学者为了能在求解问题的过程中更快地

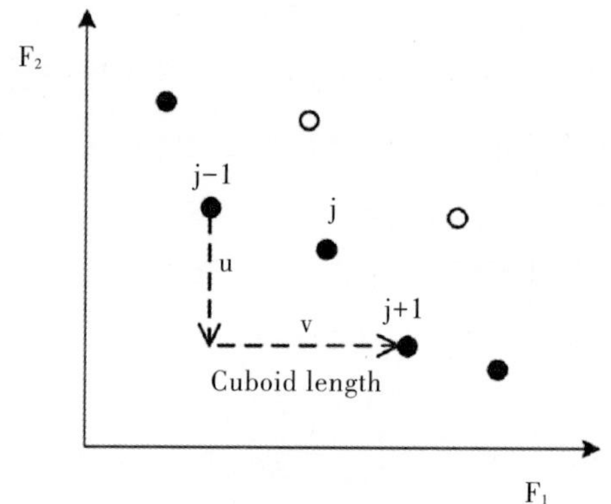

图3-2 拥挤距离的计算方式

获得真实帕累托前沿，对NSGA-Ⅱ算法进行了多方面的改进。例如，结合了模拟二进制交叉法的实数编码NSGA-Ⅱ算法（Deb，2001），结合跳步基因操作的二进制编码NSGA-Ⅱ算法（Gupta和Ramteke，2014）以及结合模拟二进制交叉法和跳步基因操作的实数编码NSGA-Ⅱ算法（Ramteke，Ghune和Trivedi，2015）都对提升NSGA-Ⅱ算法的运算效率起到了至关重要的作用。

为了提升优化解集向全局最优解的转移速度，Kasat和Gupta（2003）引入跳步基因操作融入NSGA-Ⅱ算法中，即个体编码中存在转座子或可流动性遗传因子，这种以短链DNA序列组成的因子可以从个体编码中的一个位置转移到其他位置。在跳步基因操作中，随机生成的两个点之间的二进制编码被随机选中并替换成随机生成的相同长度的新的二进制编码。结合跳步基因操作的NSGA-Ⅱ算法在获取真实帕累托前沿的效率上提升了近8倍。

Branke和Deb（2005）通过对支配解的重新定义结合基于权重的偏倚拥挤距离将用户偏好信息结合到NSGA-Ⅱ算法中。Deb和Sundar（2006）提出了一种引导支配机制和偏倚拥挤距离机制，进一步考虑使用参照点的方式来确定偏好信息。通过偏好策略的结合，该方法可以在多个参照点附近同时搜索一组最优解，而不是单一解。通过对双目标到十个目标的优化问题求解，该方法都在寻找足量的帕累托前沿解方面具备较高的效率。Deb和Kumar（2007）从多准则决策文献中借鉴参考方向方法的概念，将NSGA-Ⅱ算法与EMO方法相结合，开发了一种从多目标优化场景中寻找单一优选方案的算法。解决了使用特定偏好信息优化和选择单一解决方案的问题。在这种方法中，用户在目标空间中提供一个或多个参考方向。

无论是否结合帕累托占优分类选择机制，遗传算法在求解多类多目标优化问题中都得到了较好的应用结果（Lamont和Veldhuizen，2002）。精英选择策略的非支配排序遗传算法（non-dominated sorting genetic algorithm，NSGA-Ⅱ）在近二十年中对多目标优化问题的求解表现极好，被学者、生产设计者以及工程师们广泛应用到各类场景中（Kumar和Guria，2017）。NSGA-Ⅱ算法成功地应用到在线优化问题，如自由基聚合问题（Bhat，Saraf，Gupta等，2006；Sangwai，Bhat，Saraf等，2007），多产品聚合物配料车间的调度问题（Wang，Löhl，Stobbe等，2000），免费飞行路径规划问题（Hu，Wu和Jiang，2004），生产控制问题（Kurian和Reddy，1999）等；离线优化问题，如海水淡化问题（Guria，Bhattacharya和Gupta，2005），石油开采问题（Guria，Goli和Pathak，2014），污水处理问题（Iqbal和Guria，2009），蒸汽转化炉优化问题（Ramteke等，2015）等。通常，以在线优化问题为基础的模型主要是进行状态值评价和控制的，即通过实时仿真和优化的结果来预测相关控制变量的最优值；而以离线优化控制问题为基础的模型是用来调整研究相关设计变量所得的最优值的。因此，离线优化控制问题对真实帕累托集获得时间的长短并不是十分重要，而对线优化控制问题而言，真实帕累托集的获得时间就显得尤为重要，尤其在应对复杂模型的复杂运算情况时。复杂模型需要更长的运算时间获取可被接受的帕累托前沿，因为这些模型通常会包含多个多重线性和非线性方程或者全微分方程和偏微分方程（Kasat和Gupta，2003；Kumar和Guria，2017；Ramteke等，2015）。

3.4 基于顺序编码的NSGA-Ⅱ算法

鉴于本模型的相关特点都比较符合NSGA-Ⅱ算法所呈现的优势，

因此选择NSGA-Ⅱ算法为基础的启发式算法对模型进行求解。本章的目标函数有两个，分别为：总装配周期最短和工人劳动时间最短，具体计算方式如模型描述。基于NSGA-Ⅱ的优化算法，运用非支配排序和拥挤距离评价解的适应值，进行个体的选择，并结合多目标解的评价机制，运用GA进行每一代种群的选择、交叉和变异等操作，最终选定最优解的组合。

3.4.1 基于顺序编码的染色体编码与解码

采用顺序编码方式进行编码，每个染色体代表一个可行的单元构建方案。在W名工人的流水-单元转换问题中，采用1到2W-1的数字来编码，小于等于W的数字代表工人，大于W的数字代表分割数，并且默认每个编码的前端和后端分别具有一个分隔符。当每两个分隔符中间存在一名或一名以上的工人时，表示一个包含了这些工人的单元得以构建。此编码方式表示工人分为了几个单元，并且每个单元都分配了哪几名工人。例如，对于一个由4名工人组成的流水-单元转换的问题，我们采用1到2×4-1=7的数字进行编码，任意一个随机生成的1～7的数字组合均可表示一个可行的单元构建方案。染色体“2 6 4 5 1 7 3”表示在该方案中共构建4个单元，工人2被分配到第一个单元、工人4被分配到第二个单元、工人1被分配到第三个单元、工人3被分配到第四个单元。染色体“4 7 1 2 6 5 3”表示4名工人共分为3个单元，工人4被分配到第一个单元，工人1和工人2被分配到第二个单元，工人3被分配到第三个单元。值得一提的是，因为在构建4个单元的过程中，最少要有3个分隔符分开工人编号，所以在距离编码中，虽然分隔符号5和分隔符号6相邻，但并不代表分隔符号是多余的。

3.4.2 适应值函数

通过将迭代运算的个体逐一解码后，根据目标函数计算染色体的目标函数值，作为个体适应值。基于NSGA-Ⅱ的优化算法运用非支配排序和拥挤距离评价解的优劣，并进行解的选择。

3.4.3 交叉与变异

染色体的交叉运算有很多方法，如部分交叉（Goldberg和Lingle，1985）、循环交叉（Oliver，Smith和Holland，1987）和直接后继关系交叉（Hyun，Kim和Kim，1998）等。为了适应本书的编码方式，选择了Davis（1985）提出的两点顺序交叉法进行交叉运算。该方法的主要思想是通过随机生成两个交叉点，子个体直接继承母个体两个交叉点内的编码，其他位置的编码从第二个交叉点开始按顺序从另一个母个体中继承。如果遇到编码已经出现在该个体中的情况，则跳过该编码。例如，母个体1“4 7 1 2 6 5 3”和母个体2“6 2 5 4 1 7 3”进行交叉运算，采用两点顺序交叉法得到第一步运算结果为子个体1“* * |1 2 6| * *”和子个体2“* * |5 4 1| * *”。第二步通过填补继承对方母个体的编码，运算结果为子个体1“5 4 |1 2 6| 7 3”和子个体2“2 6 |5 4 1| 3 7”，具体交叉运算的步骤参考Davis（1985）的文献。运用该交叉方式可以满足染色体的可行性，免去由染色体变化所产生的运算复杂性。

在变异运算中，为满足变异后个体仍然可行，采取随机选择两点元素互换的方式进行。例如，在个体“4 7 1 2 6 5 3”中选择随机的两点进行变异操作，结果为“5 7 1 2 6 4 3”。个体解码后得到构建方案由构建3个单元转换为构建2个单元且工人的组合方式也发生了变化（由{4}{1，2}{3}变为{1，2}{4，3}）。因此，通过两点互换的变异操作可以更改原有单元构建方案中工人的分配方式和构建单元的数量。该变异方式可以在保证个体可行性的同时丰富解的多样性。

3.4.4 算法步骤

由于本书提出的编码特征会存在不同染色体解码结果相同的情况，因此在每一次父代种群的选择过程中，为了保证算法的高效性，首先要对解码结果相同的染色体进行剔除，再通过非支配排序和锦标赛式选择最优的种群作为新的父代。根据本书提出的模型以及编码特征，在文献（Deb等，2002）的描述基础上，改进的NSGA-Ⅱ算法具体操作步骤如下：

步骤1：随机生成规模为N的初始种群P_0，并将P_0进行非支配排序；

步骤2：通过传统GA的运算，生成规模为N的后代种群Q_0；

步骤3：将P_0和Q_0合并为规模为2N的种群$P_0 \cup Q_0$；

步骤4：将$P_0 \cup Q_0$筛选进行非支配排序，按序选择最优的N个个体作为新的父代种群P_1；

步骤5：重复步骤2到步骤4，直至到达最大迭代次数；

步骤6：输出最终非支配排序解。

3.5 数值实验分析

3.5.1 实验基本参数设置

基于前节提出的模型和算法，通过数值实验分析工人间合作关系对单元装配系统构建的效率和方案的影响。本书以文献（Yu等，2014）中的Benchmark数据为基础，针对研究的实际情况进行相应改进。考虑了工人之间的合作对工作效率的影响，加入了工人间合作系数的相关数值。试验中相关参数的具体信息见表3-1、表3-2。其中，批次容量限定为整数值，其余与时间相关的参数单位均为分钟。为了更好地进行试验，各批次的顺序、产品类型和批次容量均根据相应规则提前生成，具体结果见表3-3。在应用NSGA-Ⅱ算法的过程中设定运算参数最大迭代次数为100、种群规模为100、交叉概率为0.8、变异概率为0.2。通过对实验结果的统计分析，得到单元装配系统性能的变化规律，为生产管理者提供相应的理论支持和改善建议。

表3-1 流水-单元转化算例的相关参数

系统因素	参数取值
产品类型数量	5
批次容量	N（50，5）
SL_n	2.2
SCP_n	1
T_n	1.8
α_{il}	N（0，0.01）

表3-2　　工人与产品对应的技能水平参数γ_{ni}

产品类型	γ_{ni}
1	N（1，0.05）
2	N（1.05，0.05）
3	N（1.1，0.05）
4	N（1.15，0.05）
5	N（1.2，0.05）

表3-3　　批次相关信息

批次顺序	产品类型	批次容量
1	3	55
2	5	53
3	3	54
4	4	49
5	1	49
6	4	55
7	1	54
8	2	48
9	2	48
10	3	48
11	2	46
12	4	58
13	3	48
14	4	52
15	5	48
16	5	51
17	1	54
18	4	57
19	2	54
20	5	49
21	1	53
22	3	46
23	4	45
24	5	46
25	2	45
26	3	44
27	1	53
28	4	47
29	2	53
30	3	52

3.5.2 基本实验及算法的效率分析

基于以上数据，在工人数为5的算例实验中，运行NSGA-Ⅱ算法得到的帕累托前沿如表3-4和图3-3所示。图3-3中“·”表示迭代后最终种群内的所有的可行解，“□”表示种群内的帕累托前沿。由实验结果可得帕累托前沿包含6个解，总加工时间由2 924.68到3 179.68。管理者可以根据企业自身对生产周期和工人总加工时间的重要性选择合适的方案进行单元装配系统的构建。合作关系更紧密的工人也会更多地分配到一个单元中，如工人4和工人5。为确定所提出方法对本模型求解的准确性，通过实验对5名工人的流水-单元转换问题运用穷举法求得所有可行解，所有可行解和帕累托前沿如图3-4所示。图3-4中“*”表示所有的可行解，“□”表示帕累托前沿。对比图3-3和图3-4可知，运用本算法所求帕累托前沿与穷举法相一致，证明算法对模型求解的有效性和多样性。

表3-4 考虑合作关系的5名工人流水-单元转换的帕累托前沿

MS	TLH	工人分配形式
2 924.68	14 515.74	{5，4}{2}{3，1}
2 978.33	14 466.99	{5，4，3，2}{1}
2 983.10	14 466.71	{5，4}{3，1}{2}
2 997.02	14 451.70	{3}{2}{1}{4，5}
3 036.83	14 428.39	{2}{3，1}{5，4}
3 179.68	14 402.46	{1}{3}{2}{5，4}

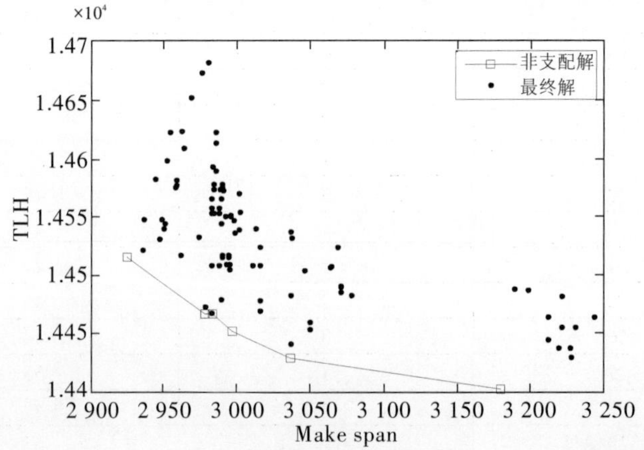

图3-3 运用NSGA-Ⅱ算法所得的考虑合作关系的5名工人流水-单元转换的最终解集

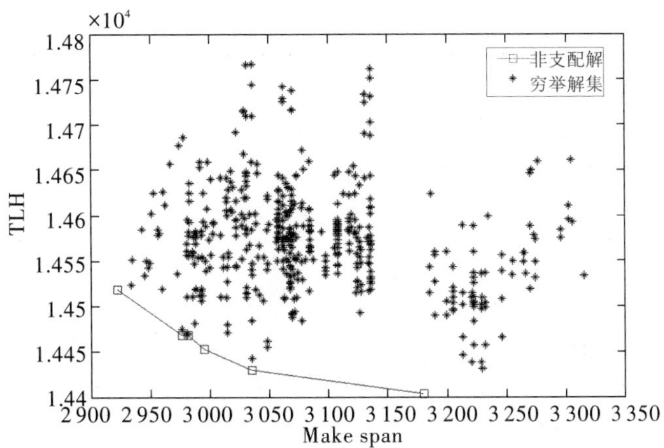

图3-4 考虑合作关系的5名工人流水-单元转换的穷举解集

本章分别对10名工人、20名工人以及50名工人的流水-单元转换算例采用过多次运行算法，得到帕累托前沿。由于篇幅有限，此处只将20名工人的转化算例10次运行算法后的计算结果呈现在表3-5中。根据生成的帕累托集，生产管理人员可以根据实际生产情况和偏好来权衡总装配周期和工人总工作时间，进行最优的单元构建方案选择。该方法为生产管理人员提供了多种解决方案，能够满足生产管理的实际需求。

表3-5 **10次运行NSGA-Ⅱ算法的20名工人转化问题的帕累托前沿**

MS	TLH	工人分配形式
2 996.55	58 881.63	{7，10}{15，20}{1，6，18}{12，14}{5，9}{2，8，11，13，16，17，19}{3，4}
3 008.12	58 751.04	{12，15}{1，7}{4，9，10}{3，6}{5，11}{2，14，18，20}{8，13，16，17，19}
3 009.45	58 593.51	{12，15}{1，7}{4，9，10}{3，6}{5，11}{2，14，16，20}{8，13，17，18，19}
3 018.01	58 471.45	{18，20}{13，19}{7，17}{8，11，12，14}{5，15}{4，16}{9，10}{2，6}{1，3}
3 023.63	58 394.98	{3，11，13，18}{6，8，10，16，17，19}{2，9，14，20}{4，7}{1，12}{5，15}
3 025.38	58 139.24	{7，8，17}{4，9，15，20}{1，14}{3，6}{2，11}{5，12}{10，13，16，18，19}
3 040.93	58 071.48	{2，4，7，9，15，17}{12，14}{3，6}{8，20}{5，11}{10，16，19}{18}{1}{13}

续表

MS	TLH	工人分配形式
3 143.50	58 044.16	{7，8，17}{12，15}{9，20}{3，4，14}{2，6}{10，19}{5，11，16}{1}{13，18}
3 148.08	58 044.13	{2，6}{5，11}{4，9，12，15}{8，18}{16，20}{3，13}{1，14}{10，19}{7，17}
3 175.21	57 878.85	{10，19}{2，6}{5，11}{12，15}{1}{3，13}{4，9}{7，8，16，17，20}{14，18}
3 380.24	57 845.46	{7，17}{8，18}{2，6}{5，11}{10，19}{12，15，16，20}{3，13}{4，9}{1，14}
3 416.24	57 820.15	{2，4，5，15}{13，14}{12，20}{1，3，6，7，9，17}{10，11}{8，16，18，19}
3 697.76	57 672.84	{5，15}{12，14}{1，7}{17，20}{2，3，4，6，8，9，10，11，13，16，18，19}

3.5.3 是否考虑工人合作系数的系统性能对比

为检验考虑工人合作关系对所构建单元装配系统性能的影响，本章对50名工人考虑合作关系和不考虑工人合作关系的流水-单元转换问题分别进行求解。如图3-5所示，50名工人场景下考虑工人合作系数的帕累托前沿显著占优于不考虑工人合作系数的帕累托前沿。结果表明，考虑工人合作关系的影响所得的构建方案在总装配周期和工人总工作时间两个方面都得到了更优的结果，即考虑工人合作关系的流水-单元转换模型可以得到更好的构建结果。

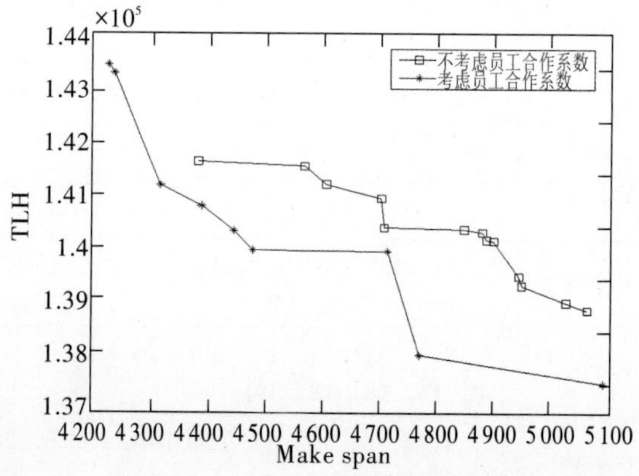

图3-5 是否考虑工人合作关系的系统性能对比（W=50）

3.5.4 工人合作系数对系统性能的影响分析

由于企业文化、工人的受教育程度以及工人的文化价值观等方面的不同，工人间的合作意识和合作关系也存在不同。如何合理利用工人间的合作关系使构建单元装配系统收效更高是生产管理者需要关注的问题。工人间的合作系数的均值和方差分别代表了一个组织中整体合作关系的融洽程度和个体间合作效率的差异。为了分析工人合作关系的变化对单元装配系统性能的影响，根据工人整体合作关系的优劣和合作关系的差异程度不同，本章设计相应数值实验分析工人间的合作系数的均值和方差变化对构建单元装配系统效率的影响。

首先对工人间合作差异情况影响系统性能的程度进行试验。其他实验参数不变，以50名工人的流水-单元转换为实验对象，选取合作系数的均值=0时，方差分别取0.01、0.02、0.05、0.1，分别代表工人合作的差异程度。0.01表示合作差异最小，0.1表示合作差异最大，对比如图3-6所示。实验结果表明随着合作系数方差的增大，所构建单元装配系统的总装配周期和工人总工作时间都相应减少。也就是说，当工人间合作关系的差异较大时，考虑工人合作关系的单元装配系统构建会得到更好的结果。

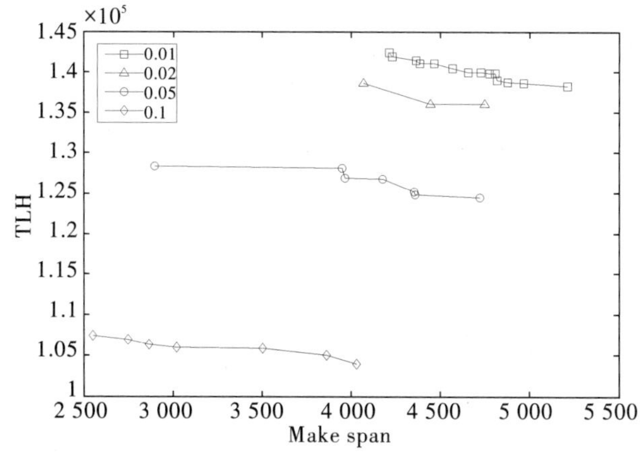

图3-6 合作系数方差变化对最优解的影响（W=50）

同样以50名工人的转换问题为实验对象，其他实验参数不变，选取合作系数的方差=0.1时，分别取均值为-0.1、0、0.1。0代表整体合作水平，-0.1表示整体合作意识较差，0.1代表整体合作水平较高。对比实验结果如图3-7所示，结果表明随着合作系数均值的增加，单元装配系统的总装配周期和工人总工作时间都相应减少，即工人整体合作水平较高时，流水-单元转换所得的结果也更为理想。因此，对生产管理者而言，应提升工人整体的合作意识，并允许工人之间的合作程度存在差异，以达到提升生产效率的目的。

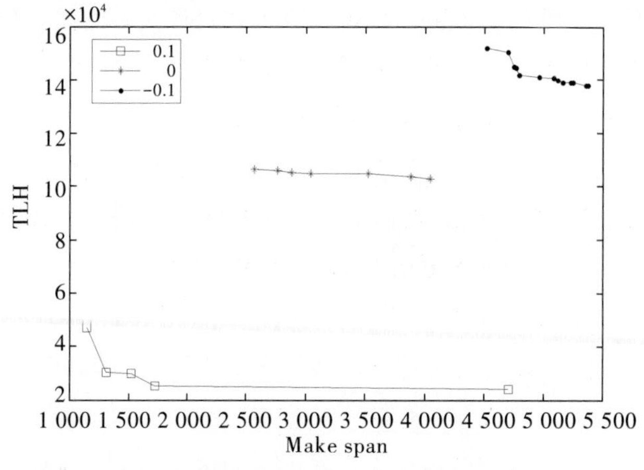

图3-7 合作系数均值变化对最优解的影响（W=50）

3.6 本章小结

本章以产品组合随机情景为研究背景，考虑工人间合作关系对生产效率的影响，以系统总装配周期和工人总工作时间为目标，建立了单元装配系统构建的多目标模型，决策在工人合作关系差异的情境下构建单元的数量以及工人的分配方案。

本章以产品组合的随机性定义非确定需求情景，即产品的种类和每个批次内产品数量为随机的。在此场景下，考虑工人间的合作关系差异对单元装配系统生产效率的影响。本章设定工人i和工人l之间的合作关系以系数α_{il}来表示，工人i和工人l合作过程中，存在以下三种情况：当$\alpha_{il}>0$时，合作生产效率上升；当$\alpha_{il}=0$时，不会对生产效率产生影响；当$\alpha_{il}<0$时，合作生产效率下降。在此基础上构建了以最小化总装配周期和工人总工作时间为目标的多目标优化模型。

在模型的求解过程中，运用了基于NSGA-Ⅱ的启发式算法进行多目标问题的优化和求解。根据模型特征和决策变量的特点，对染色体编码和迭代规则等进行了有针对性的改进。对小规模算例与穷举法进行比较，证明算法对模型求解的有效性，对于大规模算例通过多次运行算法的方式可以在较短时间内取得较好的结果。通过与同样环境下不考虑工人合作关系的流水线向单元装配系统转化问题的数值实验对比，表明考虑工人间的合作关系对总装配周期和工人总工作时间都有积极的影响。对于工人合作关系差异对单元装配系统性能的影响，根据模型从两个方面进行了分析。一是在其他因素不变的情境下，分析合作系数方差的变化对单元装配系统的影响，即合作系数的差异性对单元装配系统的影响。实验表明，合作系数的差异性较大时会同时降低模型的总装配周期和工人总工作时间两个目标。二是在其他因素不变的情境下，分析合作系数均值对单元装配系统的影响，即整体合作氛围的大小对单元装配系统的影响。

通过本章的研究，提出了考虑工人合作因素的情况下的单元装配系统构建方法，并通过相关的参数分析，结果发现合作系数的整体提升会促进单元系统性能的提升。数值实验为管理者提供建议，在多品种小批量的生产环境下，流水-单元转换过程中，管理人员要注意提升工人整体的合作意识并允许工人间的合作存在差异。

第4章 基于场景需求下考虑系统稳定性的单元装配系统构建

4.1 子问题背景介绍

本章主要针对基于场景需求的现实情景，考虑存在多种可能的需求场景由符合特定分布规律的产品种类、批次顺序和批次容量组成，且每种场景出现的概率已知。针对任务已知型单元装配系统构建方法在基于场景需求的情境下存在较高的重置成本和管理成本的现实，考虑单元装配系统的性能和稳定性，为单元装配系统构建多目标模型。

多品种、产品生命周期短、中小批量，甚至变批量的产品需求特征成为制造企业面临的严峻挑战。由于受季节性原因或节假日促销等因素的影响，市场需求常常按照一定的规律或产品组合出现，制造企业每天应对的生产需求也不尽相同。为了解决这一问题，制造企业在企业经营的各个方面都要寻求更好的工作方式。例如，通过供应商和制造商之间的订单分配（徐辉，侯建明，2016），平衡生产和库存（李群霞，马风才，张群，2015；李稚，谭德庆，2016）以及协调制造商和销售商（叶涛锋，达庆利，徐宣国，2016）等。与此同时，单元制造系统的设计与优化也是提升企业整体竞争力的重要环节。

Kaku等（2009）最先提出以最小化总产出时间和总加工时间为目标，构建流水线装配和单元装配混合系统的多目标优化模型，以数值仿真的方法验证模型的有效性，并分析了产品种类、批次数量、批次容量以及任务规模对目标函数的影响。Liu等（2013）考虑由流水线装配向单元装配系统转换过程中的工人培训成本，以最小化培训成本和加工周期为目标进行单元系统的构建。Yu等（2012，2013）对流水线装配向纯单元装配系统转换的问题进行研究，以最小化总加工时间和最小化工人加工时间以及以减人为目标建模。以上研究的一个共同点是，针对（每天）特定的生产任务（包括产品种类和数量），在流水线向单元装配转化的生产场景下，给出相应的单元装配系统（混合单元装配线或纯单元装配线）以及生产调度方案。这种单元装配系统的好处是柔性好，针对不同的生产任务（需求）、产品种类和批量大小，均能适应。然而，该系统的缺点是，由于现实需求的波动（包括产品种类和批量大小）和不稳定，制造企业需要频繁进行生产系统的构建，这样不仅造成资源闲置和浪费（如新添置工作平台、辅助性的移动设施和工具等），而且单元内部的人员频繁调整，合作不稳定，生产效率受到相应影响。另外，在实际的制造企业中，频繁调整生产线也不容易被接受。Yu等（2014）虽然提出生产任务的批次种类和批次大小按照相应规律随机生成，但在优化的过程中仍是按照已知的任务进行的。利用现有的任务已知型单元系统构建方法进行单元系统的构建会产生较高的单元系统重构成本以及工人频繁变动引起的工人满意度下降、管理成本过高等问题。因此，既要保证系统柔性，又要兼顾效率和稳定性，面向一定周期的单元装配系统的构建具有十分重要的现实意义，这不仅丰富和发展了单元系统构建的理论，而且为生产管理者提供了更为贴近现实生产环境的单元构建方法。

针对这一不足，本章主要讨论需求波动情境下的流水线装配向单元装配系统转换的问题。总加工时间（Make span）的大小直接关系到产品的交货期，通过缩小总加工时间可以直接提升企业在动态多样化市场上的竞争力。因此本章为避免由于需求波动引起的单元系统重构成本提高，通过建立考虑需求波动的流水线装配向单元装配系统转换方案，决策需要构建的装配单元的数量、工人在装配单元之间的分配方式以及产品批次向单元的分配方法，构建需求波动情境下最小化总加工时间的期望和方差的单元装配的多目标优化模型。其中，最小化总加工时间的期望和方差分别是为了使系统能在需求波动的场景下具备较好的期望性能和较为稳定的表现（王晔等，2018）。任务已知型的流水线装配向单元装配系统转换问题已被Yu等（2014）证明为NP难问题，不存在多项式时间内求得最优解的精确优化算法。本问题由于考虑了需求的波动性而比原问题更为复杂，因此需采用有效的启发式优化算法对问题进行求解。NSGA-Ⅱ（Non-dominated sorting genetic algorithms）算法作为求解多目标优化问题的启发式算法在收敛速度和解的多样性方面均表现出较好的性能，是目前综合性能较好且应用较为广泛的多目标优化算法。针对模型的特点，本章采用NSGA-Ⅱ算法对问题进行求解，并通过数值实验说明模型和方法的运用规则和相关性质。

4.2 基于场景需求的单元构建问题描述与模型建立

4.2.1 基于场景需求的背景描述

本章考虑在一个需求非确定的环境下存在S种可能的需求场景，第s种场景出现的概率为p_s，所有可能出现场景的概率和为1，即$\sum p_s = 1$。每种场景下的需求均为N种产品的不同批次组合，每种场景会有M个批次且每个批次只有一种产品类型。在此生产环境下，设计由W名工人组成的流水线装配向纯单元装配转换的构建方案。在生产系统中所有工人均为多能工，即可以独立完成任何一种产品类型的全部装配操作且全部分配到各个单元中。流水线装配的节拍时间T、完成第n种产品的各工序l的标准加工时间T_{nl}（$T_{nl} \leq T$）以及工序的先后关系已知。单个批次的产品全部分配到同一个单元内进行加工且批次不拆分。由于工人全部为多能工，每个单元都具备完整加工任何类型产品的能力，因此不存在产品的单元间移动。系统中的基本单位均为巡回式单元，分配到每个单元内的工人数可以不同。通过决策构建单元的数量、每个单元内分配的工人数量以及每种场景下各批次在单元的分配方案，构建最小化总加工时间的期望和方差的多目标优化模型。总加工时间期望值最小化可以缩减生产的期望交货期，在需求波动的环境下提升企业的竞争能力；最小化加工周期的方差保证了在需求变动的环境下系统的稳定性，不会因为需求的波动而造成加工周期的变动幅度过大。每种场景下的批次之间均采用先到先服务（First come first service，FCFS）的调度方式，按照批次顺序依次分配到第一个空闲的单元当中，如果没有空闲的单元就分配到预计最先完成加工的单元中。

本章采用巡回式单元作为构建单元装配系统的基本单位，即分配到单元内的每一名工人独立完成所有类型产品的所有工序的装配。当多名工人分配到同一个巡回式单元内时，工人各自按顺序完成所分配产品的全部工序，因此巡回式单元也被称为逐兔式单元。

4.2.2 模型参数说明

（1）索引号。

l	工序的索引号，l=1，2，…，L，L为原有流水线上的工作站，即工序的数量，每个工序由一名工人进行操作；
i	工人的索引号，i=1，2，…，W，W = L；
p_s	第s个场景出现的概率，$\sum_{s=1}^{S} p_s = 1$，s=1，2，…，S，S为可能出现的各种场景的集合；
n	产品类型的索引号，n=1，2，…，N，N为生产任务中产品的种类数；
m	批次顺序的索引号，m=1，2，…，M，M为每种情境下批次的个数。

（2）参数变量。

$V_{mns}=\begin{cases}1, & \text{情境s下的第m个批次的产品类型为[n]},\\ 0, & \text{否则；}\end{cases}$

B_{ms} 情境s下的第m个批次的产品数量；

T_{nl} 第n类产品的第l个工序的标准加工时间；

γ_{il} 工人i对工序l的操作熟练程度；

St_n 第n类产品在单元内的生产准备时间；

SL_n 第n类产品在流水线上的生产准备时间。

（3）决策变量。

J 构建单元的数量，$1 \leqslant J \leqslant W$。

$X_{ij}=\begin{cases}1, & \text{工人i分配到单元j中；}\\ 0, & \text{否则。}\end{cases}$

$Z_{mjks}=\begin{cases}1, & \text{在情境s下的第m个批次以第k个顺序被分配到单元j中；}\\ 0, & \text{否则。}\end{cases}$

4.2.3 装配周期期望方差最小化的多目标模型

本书研究的流水线装配向单元装配转换的问题中，工人原有的工作为流水线上的某一道工序。对于原有L个工序和W名工人的流水线向单元装配转换问题，在培养流水线单工序工人成为全能工的过程中，由于工人学习能力和自身工作经验等原因，工人i对工序l的熟练程度是不同的，以$\gamma_{il} \geqslant 1$表示。γ_{il}越接近1时，工人i对工序l的操作熟练程度越高；反之，γ_{il}的值越大表示工人对该工序的熟练程度越低。因此，工人i完成第n类产品第l个工序的加工时间为$T_{nl} \times \gamma_{il}$。在情境s下的第m个批次中的单个产品在所分配的单元j中的操作时间TT_{ms}如式（4-1）所示，第m个批次全部产品完成加工的时间TF_{ms}如式（4-2）所示。

$$TT_{ms}=\frac{\sum_{n=1}^{N}\sum_{i=1}^{W}\sum_{j=1}^{J}\sum_{k=1}^{M}\sum_{l=1}^{L}V_{mns}T_{nl}\gamma_{il}X_{ij}Z_{mjks}}{\sum_{i=1}^{W}\sum_{j=1}^{J}\sum_{k=1}^{M}X_{ij}Z_{mjks}} \tag{4-1}$$

$$TF_{ms}=\frac{B_{ms}TT_{ms}}{\sum_{i=1}^{W}\sum_{j=1}^{J}\sum_{k=1}^{M}X_{ij}Z_{mjks}} \tag{4-2}$$

由于不同产品类型的加工工艺和装配部件的不同，对于每类产品在进行生产之前都需要进行生产环境的重设置，产生生产准备时间。生产过程中，每个单元生产前后两个批次产品时都会产生更换设备或工具的操作，因此当前后加工的两个批次类别不同时，便会产生生产准备时间，当前后加工的两个批次为相同产品类型时，则生产准备时间为0，在情境s下的第m个批次的生产准备时间TS_{ms}如式（4-3）所示。

$$TS_{ms}=\sum_{n=1}^{N}St_nV_{mns}(1-\sum_{m'=1}^{M}V_{m'ns}Z_{m'j(k-1)s}),\left\{(j,k)\mid Z_{mjks}=1,\forall j,k\right\} \tag{4-3}$$

其中，$1-\sum_{m'=1}^{M}V_{m'ns}Z_{m'j(k-1)s}$为0-1变量，表示分配到同一单元的上一个批次是否与当前批次为同一类型产品，如为同类型，则结果为0；如为不同类型，则结果为1。如果第m批次为分配到该单元的第一个批次，则该值为1。第m批次的开始加工时间TB_{ms}为该单元内上一个批次的完成加工时间，如果第m批次为所分配单元的第一个进行加工的批次，则开始时间TB_{ms}为0，具体表达如式（4-4）所示。

$$TB_{ms}=\sum_{q=1}^{m-1}\sum_{j=1}^{J}\sum_{k=1}^{m}(TF_{qs}+TS_{qs})Z_{mjks}Z_{qj(k-1)s} \tag{4-4}$$

在此基础上，情境s下的总加工时间（Make span）以该单元装配系统中最后一个完成生产任务的单元总完成时间作为表示，如式（4-5）所示。

$$MS_s=\max_m(TB_{ms}+TF_{ms}+TS_{ms}) \tag{4-5}$$

考虑按场景需求的波动情景，最小化Make span均值和方差的流水线装配向单元装配系统转化多目标模型表述为：

$$E=\min\sum_{s=1}^{S}MS_sp_s \tag{4-6}$$

$$D=\min\sum_{s=1}^{S}(MS_s-E)^2p_s \tag{4-7}$$

$$s.t.\sum_{j=1}^{J}X_{ij}=1,\forall i \tag{4-8}$$

$$\sum_{i=1}^{W}X_{ij}\leqslant W,\forall j \tag{4-9}$$

$$\sum_{i=1}^{W}\sum_{j=1}^{J}X_{ij}=W \tag{4-10}$$

$$\sum_{j=1}^{J}\sum_{k=1}^{M}Z_{mjks}=1,\ \forall m,s \tag{4-11}$$

$$\sum_{m=1}^{M}\sum_{k=1}^{M}Z_{mjks}=0,\ \forall s,\left\{j\ \middle|\ \sum_{i=1}^{W}X_{ij}=0,\forall j\right\} \tag{4-12}$$

$$\sum_{j=1}^{J}\sum_{k=1}^{M}Z_{mjks}\leqslant\sum_{j'=1}^{J}\sum_{k'=1}^{M}Z_{(m-1)j'k's},\ m=2,3,\ldots,M,\ \forall s \tag{4-13}$$

$$1\leqslant J\leqslant W \tag{4-14}$$

$$X_{ij},Z_{mjks}\in\{0,1\},\ \forall i,j,k,s \tag{4-15}$$

目标函数式（4-6）表示最小化各种可能情境下的总加工时间的期望值；目标函数式（4-7）表示最小化各种可能情境下的总加工时间的方差；约束式（4-8）表示每名工人只能被分配到一个单元内；约束式（4-9）、式（4-10）表示分配到任意单元内的工人数不超过原有流水线上的总人数，且所有工人都分配到了单元系统当中；约束式（4-11）表示在任何情境下的每个批次都会被分配且只能被分配到一个单元中，不能被拆分；约束式（4-12）表示所有的批次都不会被分配到没有工人的单元内；约束式（4-13）表示任何情境下的各个批次都要按序进行分配，保证FCFS的调度规则；式（4-14）、式（4-15）是决策变量的取值范围的约束式。

4.3 基于顺序编码的NSGA-Ⅱ算法

本章提出的流水线装配向单元装配转化问题的模型属于多目标优化问题。考虑一个简单的情景，当$s=1$时，本问题转换为确定性任务的单元装配系统构建问题，该问题在文献中已经证明为NP难问题。因为本问题中$s\geqslant1$，复杂程度更高，所以本问题也是NP难问题，不存在多项式时间内求得最优解的精确算法。因此，本问题根据所研究问题的特征，选择使用基于NSGA-Ⅱ的优化算法进行求解。

4.3.1 染色体编码

本章的目的是求工人组成单元系统的构建方案，因此每条染色体以工人和单元的对应关系为描述对象，采用顺序编码的方式进行编码。对于W名工人的流水线向单元转换的问题，采用1到2W－1的数字来编码，小于等于W的数字代表工人，大于W的数字代表分割数，以此编码表示工人与单元的对应关系。例如，染色体“7 2 6 4 5 1 3”表示一个由4名工人的流水线装配向单元装配转化问题中的一个构建方案。其中，大于4的数字代表分隔符号，小于等于4的数字代表待分配工人的编号，该染色体表示系统共分割为3个单元，工人2被分配到第一个单元，工人4被分配到第二个单元，工人1和工人3被分配到第三个单元。

4.3.2 交叉与变异

为了适应本章的编码方式，确保交叉运算后染色体的可行性，本章选择了Davis（1985）提出的两点顺序交叉法进行交叉运算。例如，染色体1“7 2 6 4 5 1 3”和染色体2“3 1 4 2 6 5 7”进行交叉运算，采用两点顺序交叉法得到的运算结果为子染色体1“1 2 |6 4 5 |7 3”和子染色体2“7 5 |4 2 6| 1 3”，具体交叉运算的步骤见3.4.3。运用该交叉方式可以满足染色体的可行性，免去对染色体调整所产生的运算复杂性。

在变异运算中，针对本问题的特征采取随机选择两点元素互换的方式进行。例如，对染色体“3 1 4 2 6 5 7”进行变异运算，将在染色体中选择随机的两点进行，变异结果为“3 6 4 2 1 5 7”。通过两点互换的变异操作可以更改原有单元构建方案中工人的分配方式或者构建单元的数量。该变异方式可以在保证个体可行性的同时丰富解的多样性。

4.3.3 精英保留策略

每一次迭代根据规模为N的父代种群P_i生成与父代种群规模一致的子代种群Q_i，将P_i和Q_i合并。由于问题的特殊性，编码规则的特征会导致不同染色体编码得到同样的解码结果，如“7 2 6 4 5 1 3”和“6 2 5 4 7 3 1”两个个体的编码不同，但解码结果是一样的。为了避免优化进入局部最优解，首先将并集进行重复性剔除，即剔除解码相同的个体。在此基础上，运用锦标赛法对全部个体进行非支配排序，按照种群内个体的优劣程度选择最优的N个个体作为新一代的父代种群P_{i+1}。

4.3.4 算法步骤

基于文献（Deb，2002）提出的NSGA-Ⅱ算法，针对本书研究问题的特点，运用的算法步骤如下：

步骤1：随机生成规模为N的初始种群P_0；

步骤2：将种群内的个体解码，并计算每个个体的各分目标的目标值和适应值；

步骤3：对种群内的个体进行非支配排序和拥挤距离的计算，并按优劣程度排列个体；

步骤4：通过交叉和变异等操作进行GA的运算，生成规模为N的后代种群Q_0；

步骤5：将P_0和Q_0合并为规模为2N的种群$P_0 \cup Q_0$；

步骤6：对$P_0 \cup Q_0$进行解码及重复个体的剔除操作；

步骤7：再次将种群内的个体解码，并计算每个个体的各分目标的目标值和适应值；

步骤8：对种群内的个体进行非支配排序和拥挤距离的计算，并按优劣程度排列个体；

步骤9：按序选择最优的N个个体作为新的父代种群P_1；

步骤10：重复步骤4到步骤9，直至到达最大迭代次数；

步骤11：输出最终非支配排序解。

4.4 数值实验分析

4.4.1 实验基本参数设置

上述算法用MATLAB语言编程实现，并在Intel（R）Core i5内存8G的计算机上进行了大量的数据检验计算，取得了较好的效果。下文给出一个具体的算例来说明模型和算法的应用。基于前文提出的考虑需求波动的流水单元转换模型，本书以Yu等（2014）提出的Benchmark数据为例，来验证本书提出的模型和算法的效果。由于Yu等（2014）的研究没有考虑需求波动的因素，本书在原问题的基础上，对参数进行扩充来适应动态需求场景下的单元系统构建问题。在本书中，假设有5种可能出现的场景，各种场景出现的概率和为1。在一条由6道工序组成的流水线上有6名工人完成5种不同产品的装配。针对每个可能出现的场景随机生成25个批次的生产任务，每个批次内由单一种类的10件产品组成，产品种类随机生成，具体数据见表4-1。表4-1中的每一列代表可能出现的场景中批次的信息（产品编号）以及可能出现的概率。例如，第2列表示场景1中第一个批次是产品类型5，第二个批次是产品类型3，以此类推。最后一行代表5个场景发生的概率分别为0.1、0.4、0.2、0.1、0.2。流水线装配的一个显著特点是各工序的操作时间小于等于流水线的节拍时间，假设原流水线的节拍时间为1.8分钟，而第n类产品的第l个工序的操作时间T_{nl}在区间［1.4，1.8］上随机产生，见表4-2。表4-2中每一行代表不同产品类型，每一列代表产品加工的工序，如第3行第4列表示第2类产品第3个工序的标准加工时间为1.6分钟。由于先前的工作经验等原因，不同的工人对每道工序的熟练程度γ_{il}不同，γ_{il}表示工人i对工序l的熟练程度，具体数值见表4-3。例如，表4-3中第2行的第5列代表工人1对工序4的熟练程度为1.05，因此如果由工人i操作第n类产品的工序l，则装配时间为$T_{nl} \times \gamma_{il}$。当单元生产的前后两个批次为不同种产品时会产生生产准备时间，由于产品类型的不同，准备时间不完全一致，具体见表4-4，每行为该类产品在单元内和在流水线上的生产准备时间。

表4-1　**各场景的产品组合和概率**

批次＼场景	1	2	3	4	5
1	5	4	3	3	1
2	3	5	3	2	3
3	4	1	5	5	3
4	5	2	3	2	3
5	2	5	1	1	5
6	4	3	3	1	2
7	5	5	2	1	2

续表

场景 批次	1	2	3	4	5
8	3	4	4	5	2
9	5	3	2	1	1
10	4	3	1	4	5
11	3	3	3	5	3
12	5	3	4	1	3
13	1	1	1	2	4
14	2	3	3	1	4
15	1	3	5	5	2
16	1	4	4	4	4
17	5	3	3	3	1
18	5	5	4	4	3
19	4	5	3	5	3
20	4	1	5	5	2
21	2	1	3	2	4
22	1	1	1	3	3
23	2	1	1	5	4
24	2	4	5	2	2
25	3	5	1	5	4
p_s	0.1	0.4	0.2	0.1	0.2

表4-2　　**产品在流水线上各工序的操作时间 T_{nl}（min）**

工序 产品	工序1	工序2	工序3	工序4	工序5	工序6
1	1.5	1.5	1.6	1.7	1.6	1.6
2	1.4	1.5	1.6	1.4	1.8	1.7
3	1.4	1.4	1.6	1.5	1.5	1.7
4	1.8	1.7	1.5	1.8	1.4	1.4
5	1.7	1.4	1.4	1.8	1.6	1.5

表4-3 **工人对各工序的熟练程度γ_{il}**

工人\工序	1	2	3	4	5	6
1	1.00	1.00	1.03	1.05	1.05	1.05
2	1.03	1.00	1.01	1.02	1.07	1.00
3	1.04	1.05	1.00	1.12	1.00	1.02
4	1.02	1.10	1.06	1.00	1.10	1.11
5	1.18	1.11	1.11	1.00	1.00	1.03
6	1.11	1.02	1.09	1.04	1.06	1.00

表4-4 **产品生产准备时间（min）**

产品类型	单元装配生产准备时间St_n	流水线装配生产准备时间SL_n
1	1.3	2.3
2	1.4	2.4
3	1.2	2.2
4	1.6	2.6
5	1.1	2.1

4.4.2 基本算例的Pareto解

运用本章提出的算法，种群规模为100，交叉概率为0.8，变异概率为0.2，迭代次数为60次。求得由6名工人组成的流水线装配向单元装配系统的转化，考虑需求波动的因素所构建的单元系统有7个帕累托集，如表4-5和图4-1所示。运用NSGA-Ⅱ算法求得的结果与枚举法求得的最优解相一致，证明算法具有有效性。表4-5中的结果均为帕累托最优集，并按照总加工时间的期望值从小到大排列，从表中计算结果可知，当总加工时间的期望值较低时将同时具有较高的方差值，即期望值的更优是以波动性更大为代价的。决策者可以根据对总加工时间的偏好选择适合自己的方案进行单元系统的构建。若决策者更关注期望值的降低，则选择方案1；若决策者更希望减少场景波动时的变动，则选择方案7，即方差较小的方案。

表4-5 由6名工人构成的流水线向单元转化的帕累托集

解编号	期望	方差	单元构建方案
1	428.9330	6.3193	{4，5，6}{1，2，3}
2	431.4316	0.7429	{5}{6}{4}{1，2，3}
3	440.7610	0.4933	{3，4，5}{1，2}{6}
4	484.8400	0.3129	{6}{2}{1，4}{5}{3}
5	484.8400	0.3129	{6}{2}{1，5}{4}{3}
6	485.3750	0.2258	{6}{3}{2}{4}{5}{1}
7	488.9040	0.1191	{4}{2，3}{6}{1}{5}

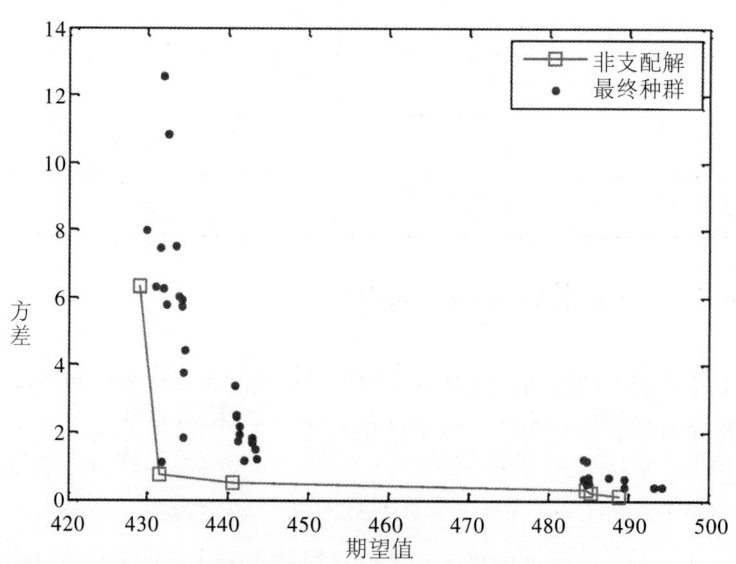

图4-1 6名工人流水线向单元转化结果的帕累托集

当使用流水线装配方式进行生产时，总加工时间由节拍时间决定。根据流水线装配时间以及换产时间，在可能发生的5种场景下，流水线的总加工时间分别为687.3min、642 min、709.7 min、698.3 min、654.5

min，期望值为668.2min。对比运用单元装配系统的方式，总加工时间的帕累托前沿中最大的期望值只有488.9min。这也证明了运用单元装配系统进行该情境下的生产可以减少总加工时间，提升企业的生产效率。对大规模算例采用多次运行算法的方式求得帕累托集，本实验对10名工人、15名工人和20名工人的单元装配系统构建问题进行求解，由于篇幅有限不一一列举，10名工人流水线向单元转化构建方案帕累托集如图4-2和表4-6所示。

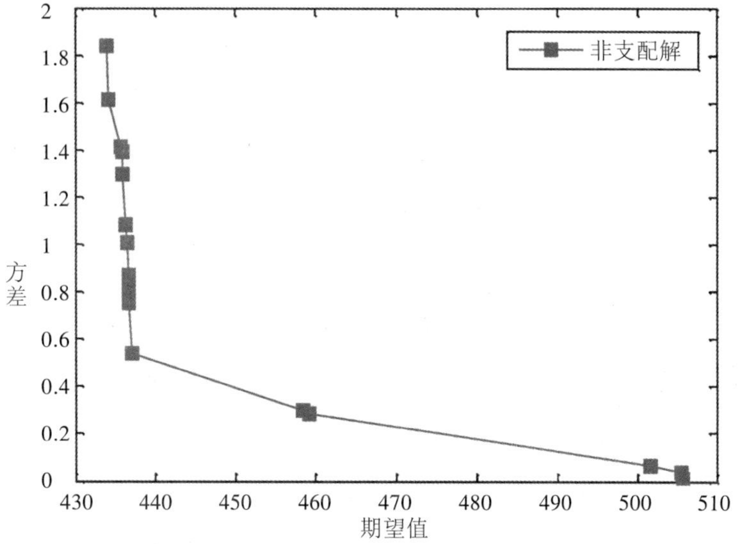

图4-2 10名工人流水线向单元转化结果的帕累托集

4.4.3 与任务已知型单元构建方法的比较分析

不考虑需求的波动，面对不同的需求场景时采用任务已知情境下的单元构建方法，构建的单元方案结果见表4-7。由结果可见，虽然在各场景下的最优方案获得了更短的加工时间，但是每种场景的最优情况构建方案中所构建的单元数量以及工人的分配组合各不相同。例如，在构建生产系统时为了满足场景1的最优结果需要构建5个单元，而其他场景出现时因为所需单元的数量减少出现有单元空闲的情况，导致生产设备浪费的问题。与此同时，当需求波动时工人需要频繁转换工作所在的单元，且工作的伙伴也在变化。

表4-6　由10名工人组成的流水线向单元转化的帕累托集

解编号	期望	方差	单元构建方案
1	434.0660	1.8366	{2，4}{6，9}{3，5}{1，10}{7，8}
2	434.2975	1.6144	{1，4}{7，8}{3，6}{5，9}{2，10}
3	435.8733	1.4095	{2，10}{5，9}{1，4}{3，6，7，8}；{2，10}{1，5}{4，9}{3，6，7，8}；{2，10}{1，4}{5，9}{3，6，7，8}
4	436.0189	1.3892	{2，10}{1，7，8，9}{3，4}{5，6}
5	436.0259	1.2930	{2，10}{3，7，8，9}{5，6}{1，4}
6	436.4258	1.0804	{3，7，8，9}{2，4，5，6}{1，10}
7	436.4597	1.0803	{2，4，5，9}{3，6，7，8}{1，10}
8	436.6109	1.0042	{3，10}{1，4}{6，9}{2，5，7，8}
9	436.7215	0.8667	{7，8}{4，5，6，9}{1，2，3，10}
10	436.7301	0.8125	{7，8}{1，3，4，10}{2，5，6，9}
11	436.7481	0.7880	{7，8}{2，4，9，10}{1，3，5，6}
12	436.7488	0.7872	{7，8}{1，5，9，10}{2，3，4，6}
13	436.7606	0.7744	{7，8}{1，4，5，6}{2，3，9，10}
14	436.8421	0.7548	{7，8}{2，4，5，6}{1，3，9，10}
15	437.1524	0.5367	{7，8}{1，5}{2，4}{3，6，9，10}
16	458.4466	0.2972	{1，6，9}{4，8，10}{2，5}{3，7}
17	459.2913	0.2823	{2，4，9}{1，6，10}{3，5}{7，8}
18	501.7050	0.0662	{9，10}{3，4}{1，6}{5，7}{8}{2}；{6，9}{3，10}{1，4}{5，7}{8}{2}；{4，7}{1，10}{5，9}{3，6}{8}{2}
19	505.6530	0.0349	{7}{5，10}{2，3，9}{8}{4，6}{1}；
20	505.7230	0.0114	{3，4}{8}{9，10}{5，6}{2，7}{1}；{7，10}{2，4}{3，6}{8}{5，9}{1}；{8}{2，4}{5，9}{6，10}{3，7}{1}
21	505.7290	0.0091	{7}{4，6，10}{5，9}{8}{2，3}{1}；{7}{5，6，10}{4，9}{8}{2，3}{1}

表4-7　　各场景下的最优构建方案

场景	总加工时间	单元构建方案
1	430.3878	{6}{1，2}{3}{5}{4}
2	426.0724	{1，2，3，4，6}{5}
3	425.5033	{1，2，3}{4，5，6}
4	430.8056	{1，2，3}{4，5，6}
5	425.4513	{4}{1，2，3，6}{5}

4.4.4　产品批次容量对系统影响的分析

为进一步分析在生产实践中各因素对构建方案的影响，在6名工人单元构建问题的基本实验的基础上，通过增加批次容量为5和2的实验，验证批次容量对单元构建方案的影响。实验结果如图4-3所示，在其他参数不变的条件下，随着批次容量的增加，总加工时间的期望值和方差均呈现减小的趋势。也就是说，当批次容量增加时，单元系统的期望加工时间和稳定性都得到了提升。企业在进行生产调度的设计过程中，可以通过更改批次容量的方式提升生产系统的效率。

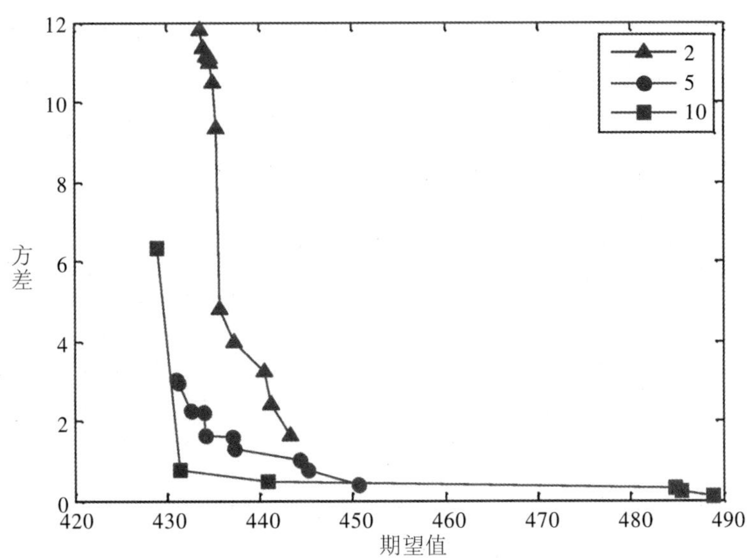

图4-3　批次容量对总加工时间的影响

4.5 本章小结

本章根据单元装配系统问题的特点，研究需求波动情境下的流水线装配向单元装配转换的问题，以最小化总加工时间的期望值和方差为目标函数，构建考虑需求波动的单元装配系统构建问题的多目标模型，决策构建的单元系统中单元的数量以及工人与单元对应关系的分配方案，以期通过构建稳定的单元装配系统应对波动的市场需求。

在以往的单元装配系统构建问题中，多以系统的最大完工时间、工人工作时间等为指标对时间效率进行优化。但是针对单一场景的优化常常面对一个问题，就是当需求发生变化时，对原有场景完成效率很好的系统构建方案在新的需求场景下出现加工时间更长、工人利用率不高等情况。如果每次需求发生变动都要重新进行单元装配系统的构建，又会产生很多不必要的重构成本。而生产企业虽然需求存在波动，但通常可以通过过往生产数据的分析等方法总结生产需求变化的一般规律。因此，本章在前一章产品组合随机的基础上，根据走访调研企业的成果，假设可以出现多种场景，且出现概率已知。在此情景下，试图通过构建一个更好的单元装配系统以适应多场景需求的变化，即在多种场景下均可保持较好的工作效率。

为了解决这一问题，本章以最小化单元装配系统在各场景中总加工时间的均值和方差为目标构建多目标优化模型。其中，最小化总加工时间的均值的目的是使系统在多场景下具备较好的平均性能，最小化总加工时间的方差是为了使系统具备较高的稳定性，即对需求场景变化的适应性。

根据问题的特征设计了针对大规模问题的基于NSGA-Ⅱ的启发式算法，并在小规模案例中与枚举法的结果对比验证了算法对模型求解的有效性。在大规模问题的求解问题中，采用了多次运行算法的方法进行求解，并得到较好的结果。通过对比任务确定型单元构建方法在应对需求波动环境时存在的不足分析本研究的重要性，并分析了生产批次容量对系统性能的影响。

与任务已知型的单元构建方法对比实验结果表明，虽然任务已知型的方法可以在确定需求下求得最优解，但是当需求发生改变时，最优单元构建方案也随之发生改变，既定构建方案无法有效地满足需求。在不同的需求场景下，构建单元的数量和工人的组合方式等都不同，无论重新构建还是继续应用现有方案，都会耗费一定的时间成本和经济成本。数值实验结果显示，在其他参数不变的条件下，总加工时间的期望值和方差会随着批次容量的增加而降低。也就是说，当增加批次容量时，单元装配系统的期望加工时间和稳定性均得到了提升。这也为企业提供了管理建议，即在进行生产调度过程中，通过更改批次容量的方式可以提升系统的效率。

第5章　概率分布需求下单元装配系统构建中的多能工配置

5.1　子问题背景介绍

本章在基于概率分布需求的情景下，研究流水线向单元装配系统转换过程中的工人技能配置问题。针对现有研究多考虑单一技能工人和完全技能工人两种极端情景，本章考虑工人多技能培训的成本以及产能的不足和过剩成本，旨在为单元装配系统构建方案进行合理的工人技能配置和生产任务的分配。基于概率分布的需求是指各产品的需求量服从特定的概率分布，工人的技能定义为公用的基本技能和以产品区分的特定技能。

随着市场需求的多样化、小批量和生命周期短等趋势的发展，制造企业面临着非确定需求以及用工、原材料等各方面的成本上升（Yin等，2017）。因此，对生产管理者来说，如何合理地利用有限资源获得更高的收益成为企业经营的重中之重。相对于流水线加工的高采购成本和管理成本，单元装配系统在降低构建成本和改善布局空间等方面具有更高的优势，并在非确定需求环境下获得了较多的应用，尤其是通过雇用多能工，可以更大程度地快速响应动态的市场需求，提升生产效率。

虽然单元装配系统的研究已经在国内外得到了众多学者的关注，但是有关从理论层面构建单元装配系统的科学方法还停留在初级阶段（Yu等，2017）。少有进行单元装配系统构建研究的学者考虑过工人和单元的技能水平对单元装配系统构建成本的影响。一方面，众多学者进行的相关研究都是基于所有单元具备装配全部产品类型的能力（Kaku等，2009；Liu等，2012；Yu等，2012）。可是这样的假设需要较高的培训成本和设备采购成本。另一方面，Liu等（2013）考虑在流水线单元系统转换过程中的多技能培训和分配交叉培训的工人，Ying和Tsai（2017）对模型进一步扩展，运用启发式算法进行求解。虽然这些文献考虑了工人的技能培训成本，但是研究都基于每个单元只能装配单一类型产品且每类产品需求都相等的简单假设。市场需求并非一成不变且各类产品间总会出现不同的比例和数量，而且单元装配系统的特征就是具备生产多种产品、动态调整产能的能力，因此以上研究的假设都过于简单且需要进一步扩展。

为丰富现有研究，本章针对流水单元装配系统转换过程中的工人能力配置问题展开研究，主要解决以下研究问题：（1）在单元装配系统中使用多技能工人是否可以得到和使用全技能工人一样的生产效率；（2）需求的波动程度对生产系统的绩效会产生影响，在单元装配系统中不同的需求波动程度会给单元装配系统的绩效和工人技能配置方案带来哪些影响；（3）在成本相关因素的变化下，单元装配系统的工人技能配置会需要进行哪些调整。同时，需要完成以下三个部分的工作：（1）考虑工人培训成本、产能过剩成本和产能不足成本，在需求非确定的场景下以最小化总期望成本为目标构建随机模型；（2）开发了结合样本平均近似和Cplex 12.6的多技能培训选择启发式算法；（3）进行大规模的数值实验分析解答研究问题。

5.2 交叉培训方法的研究综述

Miyake（2006）指出，生产系统应对波动需求需要6种类型的柔性：过程柔性、换产柔性、设施准备柔性、过渡柔性、容量柔性和混合柔性。为了提高这些柔性，除了简单地重新配置工具和材料外，还要对工人进行长期、昂贵和困难的交叉培训，这也是更难以达成的部分。因此，为了评估不同交叉培训水平的绩效，Hopp等（2004）提出了一个对于交叉培训的包含7个效率评价因素和7种培训策略在内的评估框架。结果表明，中等交叉培训水平，特别是双技能链培训策略可以获得与完全交叉培训策略几乎相同的系统性能。双技能链培训策略是指每名工人都有2个技能且通过一条长链连接所有的工作站和所有工人。在另一项相关研究中，Hopp等（2004）通过进一步研究证明了即使是部分链也可以是高效的。

虽然各种技能培训策略都得到了各领域的验证，但是如何更精准地进行培训使技能增加，在付出最小的培训成本下获得最大化的经济收益是研究的主要难点。为了适当增加技能培训，我们引入柔性制造的相关研究。Jordan和Graves（1995）证明，有限的柔性通过适当的配置可以获得完全柔性的大部分益处。该配置的特点是每个工厂只能提供两种产品类型，每个产品类型只能由两个工厂提供。同时，每一个工厂和产品类型之间的对应连线可以组成一条长长的链条。在此研究基础上，学者们将该思想扩展到了不同的应用领域。

Wallace和Whitt（2005）以呼叫中心的路由路径为研究对象，利用有限的交叉培训来解决路由和人员配置问题。与柔性制造的文献相一致，研究发现最小的柔性可以提供很大的好处，同时应用这种柔性属性开发路由和人员配置的算法，旨在尽量减少每名员工受到每个类的性能约束。仿真实验表明，通过有限交叉培训获得的人员配置方案运行良好，通过有限的交叉训练的接线员进行接线服务可以得到几乎相同于所有的接线员拥有全部技能的情景。

Tomlin（2006）以单一产品企业的供应商评价为研究对象，假设一家公司的两个供应商，一个是不可靠的，另一个是可靠的但更昂贵。考虑供应商供货类别增加时所需要的培训成本和供应商的有限供货能力，分析平衡供应商之间的供货关系。通过选择不同供应商的技能水平，确定在供应商的选择中，不需要全部供应商均具备技能。

Huchzermeier和Loch（2001）以项目管理问题为研究对象，在因风险而引起的各类非确定性因素下，增加研发团队的多技能发展以应对不可预知的需求变化。

Bassamboo等（2010）以报童模型网络为研究对象，考虑增加技能时所付出的培训成本和收益，提出了一个精确的集合论方法来分析具有多个产品和并行资源的报童网络的不同技能水平。研究证明：(1) 柔性表现出递减的回报；(2) 最优的技能组合是长链型技能增加方式；(3) 不对称系统的最优技能配置。

Deng和Shen（2013）提出了在产品种类数多于加工者数量的不对称系统中，如何合理地增加多技能以最大可能性提升系统效率。Henao等（2016）利用类似的方法研究了在加工者数量多于产品类型的系统中，如何合理地增加多技能的方法与策略。两类研究的核心是如何在产品类型与加工者之间增加闭合的长链。

5.3 多能工技能配置问题的描述与模型建立

5.3.1 多能工技能水平的定义

在本章中，我们着重研究在实施单元装配系统过程中的工人技能配置。值得一提的是，本章所表达的技能分为基本技能和特定技能，我们期待构建的装配系统为巡回式的单元装配系统。在同一产品线上生产的产品因有各种型号和配件的差异而产生各自不同的操作工艺，但是同时仍有部分基本工序的工艺流程是一致的。在流水线生产的环境下，虽然不同品种的产品都在同一条流水线上装配，但更换产品后也会出现操作方式的不同，因此根据操作工艺的不同分类，将工人可操作的工艺流程分为基本技能和特定技能。例如，现有4种产品待装配，需要在同一基本技能的基础上，每种产品还需一种特定技能，见表5-1，其中“√”表示装配该产品类型需要的对应技能。由于巡回式单元装配系统中，每名工人要具备从头到尾装配产品的能力，因此在掌握基本技能的基础上，至少要掌握一种特定技能的工人才可以在单元装配系统中工作。6名工人所掌握的技能见表5-2，工人可以装配的产品类型与其掌握的特定技能相匹配，如工人4掌握基本技能、特定技能2和特定技能3，对应表5-1可以装配产品类型2和产品类型3。

表5-1 **产品类型和技能的对应关系**

产品类型	基本技能	特定技能1	特定技能2	特定技能3	特定技能4
1	√	√			
2	√		√		
3	√			√	
4	√				√

表5-2 **6名工人所掌握的技能**

工人	基本技能	特定技能1	特定技能2	特定技能3	特定技能4
1	*	*			*
2	*		*		
3	*				*
4	*		*	*	
5	*	*			
6	*			*	

5.3.2 需求量不确定的多能工配置问题描述

本章考虑原有装配流水线上的W名工人，由于需求非确定等因素，流水线装配面临需要频繁换产等问题，将导致管理成本和运行成本上升，因此企业需要通过实施单元装配系统以提升生产系统的响应能力和生产效率。在以人为本的单元装配系统转换问题中，本问题转化为如何合理地为W名工人增加不同的技能组合，以最小的培训成本得到系统最大可能的性能改善。本章假设各类产品需求的分布函数已知，且只考虑巡回式单元。

首先，全部工人的技能配置方案的解空间在很大的范围内波动，尤其是工人数量增加时。在巡回式单元中，每名工人需要至少掌握一种特定技能。在确定的需求下，培训策略是简单地为每个产品类型按均值分配适当数量的工人。然而，在非确定需求下只雇用单技能工人不够灵活。例如，有3种产品类型，需求量分别为8、10和12，另有3名加工能力为10件产品的工人。如果所有的工人都是单技能，并分别服务于这3种产品，预期销售额将为28。显然，如果第一名工人可以服务于产品类型1和产品类型3，则预期销售额增加到30。值得注意的是，其他任何工人技能的增加都不会改变预期的销售额。虽然在非确定需求环境下，将所有的工人都培训为全能工为最佳配置，但由于培训成本高昂，我们不得不限制技能培训的数量。将一个产品组合所需要的所有特定技能作为该产品组合的特定技能集，见表5-1的第2列至第6列为完成4种产品加工所需的特定技能集。在进行流水线单元转换的过程中，所有工人都可以培训为特定技能集的任何子集。在一个有K种产品的需求环境下，我们可以通过简单的计算得到每名工人可能的培训技能集为2^K-1。类似地，W名工人可能出现的培训方案的数量为$(2^K-1)^W$。

此外，对非确定需求进行更详细的定义。虽然每天难以获得准确的需求，但根据先前的生产记录，需求的分布可以预知。我们假设共有K类产品，第k类产品的需求在一定时期内服从正态分布$d_k \sim N(\mu_k,\sigma_k)$。这段时期可以是一小时、一天或几天。每类产品的需求只能由具备处理该产品类型所需的所有技能的工人来服务。由于本章的重点是计划层，主要问题是技能配置而不是调度，因此本章主要研究需求和容量的平衡。当某种技能配置无法满足需求时，会出现员工短缺成本。同时，当员工的能力未得到充分利用时，会出现员工剩余成本。

5.3.3 模型参数说明

本章以非确定需求下最小化期望成本为目标，构建随机模型，决策工人掌握的技能数量和具体的技能。因此，在本研究中的决策变量是每名工人的技能培训集。以 $Y_{ik}=1$ 表示对工人 i 培训特定技能 k，是决策变量。其他参数和变量如下所示。

（1）参数。

k　产品类型和特定技能的索引编号（k=1，2，…，K）；

i　工人的索引号（i=1，2，…，W）；

A　工人的单位时间产能；

d_k　第 k 类产品的需求；

C　单一特定技能的培训成本；

α_c　每名工人的短缺成本系数；

α　未满足需求的单位销售损失成本系数，$\alpha=\alpha_c/A$；

β_c　每名工人的空闲成本系数；

β　空闲产能损失成本系数，$\beta=\beta_c/A$。

（2）变量。

$x_{ik}(\omega)$在情景 ω 下，工人 i 装配的产品 k 的数量。

（3）决策变量。

$$Y_{ik}=\begin{cases}1, & \text{如果工人 i 培训了技能 k；}\\ 0, & \text{否则。}\end{cases}$$

5.3.4 多能工技能配置优化的确定性模型

在确定需求下设计技能配置是很容易的，使用单一技能的工人就可以在稳定需求的情况下表现良好。然而，当需求波动增加时，单技能系统将不够灵活。需求和产品结构的波动越大，单元装配系统的技能水平就越高。由于工人的培训既要花时间也要花钱，因此本章提出一个模型来决定如何在单元装配系统中培训具有适当技能的工人。

为了适当地增加技能培训，我们引入了关于制造柔性的类似研究。在制造柔性的研究中，Jordan和Graves（1995）提出了一种原则，即以适当的方式增加有限的柔性（每个工厂只生产少量产品），通常获得全部柔性（每个工厂都生产所有产品）的大部分收益。他们提出了一个例子，有10个工厂和10个产品类型，需求独立同分布。长链连接所有的工厂和产品类型（如果有一个弧连接一个工厂和一个产品类型，表示该工厂可以生产该类型产品），产能利用率和预期销售大致等于所有工厂具备全部柔性。单元装配系统与制造柔性之间存在相似的特征。例如，一名多技能的工人可以等同于一个可以加工不同产品类型的工厂。

本章以巡回式单元为构建对象，所以需要对原始装配线上的工人进行传送带上不同工位的操作训练，以便他们能够从头到尾处理至少一种产品类型。即使不同的产品类型在传送带上的同一操作台上进行处理，操作也可能彼此不同。我们假定同一操作台工序的处理时间对于每名工人是相同的，而每名工人的特定技能的训练成本也是相同的。因此，我们只利用其掌握的特定技能的数量来计算每名工人的培训成本。工人i的培训成本可以表述为$\sum_{k=1}^{K} Y_{ik} C$，其中C代表工人掌握一项特定技能所需要付出的培训成本。例如，当培训工人的特定技能为1和2时，工人的培训成本是2C。

为了评估某一技能配置的性能，应该考虑工人的利用率，如工人短缺和过剩。而对于已知的技能配置方案，关键问题转移到需求和产能的分配问题上。换句话说，如何适当地分配需求给每名工人以获得最大化的预期产量。因此，我们定义x_{ik}为由工人i组装的产品类型k的数量。一方面，当产品类型k的需求不能被满足时，发生工人短缺成本，可以表示为$(d_k - \sum_{i=1}^{J} x_{ik})^+ \times C \times \alpha$。其中，$(d_k - \sum_{i=1}^{J} x_{ik})^+ = \max\{0, (d_k - \sum_{i=1}^{J} x_{ik})\}$，α表示销售机会损失的惩罚成本系数（工人短缺成本）。另一方面，工人的产能未充分利用时应计算工人的过剩成本$(A - \sum_{k=1}^{K} x_{ik})^+ \times C \times \beta$，其中$(A - \sum_{k=1}^{K} x_{ik})^+ = \max\{0, (A - \sum_{k=1}^{K} x_{ik})\}$，β表示过剩产能的惩罚成本系数

(工人过剩成本)。为了便于表达，设定为一名工人培训一个特定技能所需的培训成本为$C=1$，$\forall i,k$。综上所述，在一个确定需求的情景下，即每种产品的需求d_k在制定培训和分配决策前已知的情况下，问题可以表述为：

P1：

$$\min[\sum_{i=1}^{W}\sum_{k=1}^{K}Y_{ik}+\sum_{k=1}^{K}(d_k-\sum_{i=1}^{W}x_{ik})^{+}\times\alpha+\sum_{i=1}^{W}(A-\sum_{k=1}^{K}x_{ik})^{+}\times\beta] \tag{5-1}$$

$$s.t. 0\leqslant x_{ik}\leqslant Y_{ik}\times A, \forall i,k \tag{5-2}$$

$$\sum_{k=1}^{K}x_{ik}\leqslant Y_{ik}\times A, \forall i \tag{5-3}$$

$$\sum_{i=1}^{W}x_{ik}\leqslant d_k, \forall k \tag{5-4}$$

$$1\leqslant\sum_{k=1}^{K}Y_{ik}\leqslant K, \forall i \tag{5-5}$$

$$1\leqslant\sum_{i=1}^{W}Y_{ik}\leqslant W, \forall k \tag{5-6}$$

其中：式（5-1）代表最小化期望总成本的目标，第一项是所有工人的培训费用，第二项和第三项分别是工人短缺成本和工人过剩成本；约束式（5-2）—式（5-4）都是需求分配规则，其中，约束式（5-2）确保某一产品类型的装配任务只能分配给具备该产品加工能力的工人；约束式（5-3）确保分配给工人的所有需求不会超出其产能，约束式（5-4）确保没有过剩的产品生产超过任何产品类型的需求；约束式（5-5）表示每名工人最少掌握一种特定技能，最多掌握全部特定技能；约束式（5-6）表示每类产品至少可以由一名工人装配和最多可以由全部工人装配。

5.3.5 多能工技能配置优化的两阶段随机优化模型

由于需求的非确定性，很难事先决定如何向每名工人分配需求。即使在需求变化时能及时改变需求分配策略，工人的技能培训也不能立即调整。为了解决非确定需求所带来的问题，我们考虑了两阶段模型。第一阶段是决策单元装配系统的工人技能配置，第二阶段是需求到工人的分配，其中第一阶段的确切需求是未知的。以$\omega\in\Omega$表示遵循一定分布的需求场景且在阶段1做出决策时是未知的，这里Ω表示所有可能场景的集合。两阶段随机问题可以表述如下：

P2：

阶段1：

$$\min\left\{\sum_{i=1}^{W}\sum_{k=1}^{K}Y_{ik}+E[Q(Y_{ik},\xi(\omega))]\right\} \tag{5-7}$$

s.t.（5-5）（5-6）

阶段2：在场景ω中，

$$Q(Y_{ik},\xi(\omega))=\min[\sum_{k=1}^{K}(d_k(\omega)-\sum_{i=1}^{W}x_{ik}(\omega))^{+}\times\alpha+\sum_{i=1}^{W}(A-\sum_{k=1}^{K}x_{ik}(\omega))^{+}\times\beta] \tag{5-8}$$

$$\text{s.t. } 0\leqslant x_{ik}(\omega)\leqslant Y_{ik}\times A,\ \forall i,k \tag{5-9}$$

$$\sum_{k=1}^{K}x_{ik}(\omega)\leqslant A,\ \forall i \tag{5-10}$$

$$\sum_{i=1}^{W}x_{ik}(\omega)\leqslant d_k(\omega),\ \forall k \tag{5-11}$$

阶段1的目标是最小化单元装配系统实施的期望成本。第一部分是使工人的培训成本最小化，而第二部分是使工人短缺成本、工人过剩成本最小化。阶段2的目标函数是在一个真实的场景下最小化工人短缺成本、工人过剩成本。约束式（5-9）—式（5-11）是基于约束式（5-2）—式（5-4）的确定性问题扩展而来的基于场景的约束。

5.4 基于场景聚合和有限柔性原则的启发式算法

5.4.1 场景聚合法

本章提出的单元装配系统实施模型是需求非确定的随机优化问题。除了完全单技能系统和完全全技能系统的极端情况之外，很难用例如积分公式的精确数学表达式来表达目标函数。为了处理非确定性，我们用基于场景的期望方程（见式（5-7））描述了这个问题。然而，所有可能的场景Ω的数量是非常庞大的，以致枚举难以实现，因此本章引入场景聚合方法来解决这一问题。场景聚合法首先由Rockafella和Wets（1991）提出用于求解多阶段随机规划问题。该方法的主要思想是取足够多的样本数N，通过聚集足够多的样本场景并求均值的方式，以近似解来获得整体解。特别地，随机变量从给定分布中采样以表示每个场景，而随机规划的预期目标通过平均大量场景的目标来近似。场景聚合法现在被广泛应用于解决随机规划问题，如航空编队问题（Listes和Dekker，2005）、集装箱空箱重定位问题（Long，Lee和Chew，2012）和随机机组组合问题（Schulze，Grothey和McKinnon，2017）等。

结合场景聚合法，模型可改写为：

$$\min\left\{\sum_{i=1}^{W}\sum_{k=1}^{K}Y_{ik}+\frac{1}{N}\sum_{n=1}^{N}\left[\sum_{k=1}^{K}(d_k(\omega^n)-\sum_{i=1}^{W}x_{ik}(\omega^n))^+\times\alpha+\sum_{i=1}^{W}(A-\sum_{k=1}^{K}x_{ik}(\omega^n))^+\times\beta\right]\right\} \quad (5-12)$$

$$\text{s.t. } 0\leqslant x_{ik}(\omega^n)\leqslant Y_{ik}\times A,\ \forall i,k,n \quad (5-13)$$

$$\sum_{k=1}^{K}x_{ik}(\omega^n)\leqslant A,\ \forall i,n \quad (5-14)$$

$$\sum_{i=1}^{W}x_{ik}(\omega^n)\leqslant d_k(\omega^n),\ \forall k,n \quad (5-15)$$

s.t. （5-5）（5-6）

5.4.2 基于有限柔性的增加技能启发式算法

结合约束式（5-10）和式（5-11），对一个特定的场景ω而言，函数式（5-8）可以改写为$Q(Y_{ik},\xi(\omega))=\min[(\sum_{k=1}^{K}d_k(\omega)-\sum_{k=1}^{K}\sum_{i=1}^{W}x_{ik}(\omega))\times\alpha+(AW-\sum_{k=1}^{K}\sum_{i=1}^{W}x_{ik}(\omega))\times\beta]$。可以看出，在特定场景ω下$Q(Y_{ik},\xi(\omega))$的值随$\sum_{k=1}^{K}\sum_{i=1}^{W}x_{ik}(\omega)$的增加而上升，因此第二阶段的问题转化为最大化特定场景ω下的市场满足量$\sum_{k=1}^{K}\sum_{i=1}^{W}x_{ik}(\omega)$。

本章假设所有工人都已经具备单元装配系统生产的基本技能并决策每名工人应被培训的特定技能。首先为了保证所有的工人都可以在系统中工作，且每类产品都有工人进行加工，根据K类产品需求的均值数按比例分配所有的工人为G组，且每组至少有一名工人，G=K。为决策具体的技能增加策略，我们引用制造柔性相关的方法（Deng和Shen，2013；Jordan和Graves，1995）来进行。根据Jordan和Graves（1991；

1995）的研究，最大化市场满足量的问题可以等价于最小化需求短缺。在一个有K类产品的需求背景下，L是所有K类产品可能的子集，包括空集。在有限技能培训的情况下，最小化需求短缺的问题可以转化为所有子集中的最大短缺值 $\max_{L}\{\sum_{k\in L} d_k - \sum_{i\in P(L)} A\}$。定义p1为特定子集短缺的概率，p2为完全技能系统的短缺概率。合理增加技能集的主要思想就是最大限度地减小 p1 > p2 的概率。对于给定产品类型子集L，P(L)是所有能至少生产一种L内产品的技能组合。产品类型子集L的短缺概率超过完全技能系统短缺概率的概率可以定义为 $\prod(L) = \Pr[\{\sum_{k\in L} d_k - \sum_{i\in P(L)} A\} > (\sum_{k=1}^{K} d_k - \sum_{i=1}^{W} A)^+]$。Jordan 和 Graves（1991；1995）通过数学证明 $\prod(L)$ 的计算方式可以转换为 $\prod(L) = [1 - \Phi(z_1)]\Phi(z_2)$，其中 $z_1 = -E[a]/\sigma[a]$，$z_2 = -E[b]/\sigma[b]$，$a = \sum_{k\in L} d_k - \sum_{i\in P(L)} A$，$b = \sum_{k=1}^{K} d_k - \sum_{i=1}^{J} A - a$。$\prod(L)$的具体计算方式可见参考文献（Jordan 和 Graves，1995）。根据定义可知，较大的$\prod(L)$值意味着该产品集有更大的概率出现短缺，因此更多的技能培训应倾向增加在该产品集内。因此，可以通过计算全部的$\prod(L)$以及其所有子集来选择需要增加技能培训的产品类型k*。根据非对称网络柔性增加策略研究（Deng 和 Shen，2013），增加的柔性应该均匀地增加到工厂和产品所组成的闭环中，并尽可能地避免将相同的工厂增加到同一产品的生产中。因此，本研究试探性地将技能k*增加到所有的技能族中，并选择增加后最小的$\prod^*$作为添加技能对象。对于添加特定技能培训的方式有如下规则：（1）优先选择不具备特定技能k*的工人组；（2）如果在该工人组中有多名工人，优先选择特定技能培训数量最少的工人进行培训；（3）如果存在多个相同最小$\prod^*$的工人组，优先选择可以帮助组成闭环长链结构的工人组。其算法的具体步骤如下：

第一阶段：初始化。

步骤1：将工人按照K类产品需求的均值数分为G组，G = K。

a.确保每个工人组中至少有一名工人；

b.确保所有的工人都分配到工人组中。

第二阶段：找到最需要增加技能的产品类型k*。

步骤2：定义L为K个产品类型的全部子集，包含空集。

步骤3：在所有集合L中找到具有最大$\prod(L^*)$值的L*。

步骤4：如果在集合L*中有多个产品类别，更新L = L*，重复步骤3和步骤4；否则更新k* = k′。

第三阶段：选择增加特定技能k*的工人组。

步骤5：定义S_{k^*}为不具备特定技能k*的工人组。

a.如果S_{k^*}中只有一个工人组g′，更新g* = g′，转至步骤6。

b.如果S_{k^*}是空集，更新S_{k^*}为其他不具备特定技能k*的技能组，转至步骤5-d。

c.如果S_{k^*}中有多个工人组，转至步骤5-d。

d.将特定技能k*试探性地增加到S_{k^*}中的每个工人组，并找出具有最小$\prod^*$值的工人组，更新$S'_{k^*}=\{g \mid g \in S_{k^*}, \prod_g \prod^*\}$，$S_{k^*}-S'_{k^*} \cup$ 如果$k^* < \max\{S_{k^*}\}$，更新g*为第一个g′ > k*；否则更新$g^* = \min\{S_{k^*}\}$。转至步骤6。

第四阶段：增加技能培训到技能组g*中具体的工人j*。

步骤6：以S_{g^*}表示工人组g*内不具备特定技能k*的工人集合，如果S_{g^*}内只有1名工人j′，更新j* = j′；否则，更新j*为具有最小特定技能集的工人编号。

步骤7：重复步骤2至步骤6直至期望交货量没有改善。

5.5 数值实验分析

在本节中进行了一系列的实验以获得最佳的技能水平配置，并分析相关参数的影响。实验共分为三个部分：第一部分是如何在实际中应用模型的基础实验；第二部分分析需求相关的参数对试验结果的影响，如不同的产品组合（CPM）、需求波动系数（CoF）和产品类型的数量（NPT）；第三部分结合不同的成本参数来评估总成本和技能配置的变化。

5.5.1 基础实验

为了说明如何应用所提出的模型和方法，首先在本节中设计基本实验。其中一些参数被设置为基本参数，而其他参数被当作独立变量，并且在其他部分中通过单独变动以进行敏感性分析。考虑一个对具有20名工人的传送带进行流水单元转换，除了基本技能的初始培训外，所有的工人都要接受至少一种特殊技能的培训，以便他们能从开始到结束至少装配一种产品类型。同时，假设所有工人具有相同的生产能力A为50件，且不同产品类型之间无差异。研究假设存在K = 10种产品类别的非确定需求，为了更好地进行研究分析，基础研究将需求假设为所有产品都服从均值为100、方差为50的正态分布。销售机会损失成本系数（工人短缺成本）设为α= 20 / 50 = 0.4，空闲产能惩罚成本系数（工人过剩成本）设为β= 10 / 50 = 0.2。为了平衡研究结果的准确性和计算时间，场景归纳法中的场景数设为N = 500。具体参数取值见表5-3。

表5-3 **相关参数取值**

相关参数	参数值
K	10
d_k	N~（100，50）
W	20
A	50
α	0.4
β	0.2
N	500

在对所有工人进行基本技能培训的基础上，根据5.4.2的启发式算法对工人技能进行增加，直至到达终止条件。最优工人技能配置的搜寻路径和最终结果见表5-4，表中每一行代表一名工人被培训了新的特定技能。例如，表5-4的第6行表示一共进行了24次特定技能培训且第24个技能为向工人9培训特定技能4。期望需求满足量、需求短缺、产能剩余和期望成本分别为834.322，172.668，165.678和126.2028。查阅表格可知第22行的成本为最优解，这一行代表有10个特定技能被培训给工人，期望成本为81.3412。在该非确定需求下，完全技能配置的单元装配系统

的成本可以通过数值计算为103.8314，远超于本研究方法所得到的最优解。对期望需求满足量来说，本方法所获得的结果（935.758）同完全技能配置的结果（940.804）相近。具体的工人技能配置的关系见表5-5，表中“*”表示对应的特定技能被培训给对应的工人。

表5-4 **最优工人技能配置的搜寻过程**

特定技能培训数量	工人索引	特定技能索引	需求满足量	需求短缺	产能剩余	期望成本	Π
20			804.666	202.324	195.334	139.9964	0.25
21	3	1	810.018	196.972	189.982	137.7852	0.25
22	5	2	816.536	190.454	183.464	134.8744	0.25
23	7	3	825.284	181.706	174.716	130.6256	0.25
24	9	4	834.322	172.668	165.678	126.2028	0.25
25	11	5	842.35	164.64	157.65	122.386	0.25
26	13	6	849.364	157.626	150.636	119.1776	0.25
27	15	7	857.768	149.222	142.232	115.1352	0.25
28	17	8	866.552	140.438	133.448	110.8648	0.25
29	19	9	874.812	132.178	125.188	106.9088	0.25
30	1	10	888.206	118.784	111.794	99.8724	0.1072
31	6	1	891.034	115.956	108.966	99.1756	0.1072
32	8	2	894.082	112.908	105.918	98.3468	0.1072
33	10	3	898.814	108.176	101.186	96.5076	0.1072
34	12	4	903.81	103.18	96.19	94.51	0.1072
35	14	5	907.594	99.396	92.406	93.2396	0.1072
36	16	6	912.366	94.624	87.634	91.3764	0.1072

续表

特定技能培训数量	工人索引	特定技能索引	需求满足量	需求短缺	产能剩余	期望成本	Π
37	18	7	917.704	89.286	82.296	89.1736	0.1072
38	20	8	923.324	83.666	76.676	86.8016	0.1072
39	2	9	931.148	75.842	68.852	83.1072	0.0586
40	4	10	935.758	71.232	64.242	81.3412	0.0081
41	7	1	935.924	71.066	64.076	82.2416	0.0081
42	9	2	936.576	70.414	63.424	82.8504	0.0081
43	11	3	937.318	69.672	62.682	83.4052	0.0081
44	13	4	937.834	69.156	62.166	84.0956	0.0081
45	15	5	938.292	68.698	61.708	84.8208	0.0081
46	17	6	938.744	68.246	61.256	85.5496	0.0081
47	19	7	939.25	67.74	60.75	86.246	0.0081
48	1	8	939.748	67.242	60.252	86.9472	0.0081
49	3	9	940.244	66.746	59.756	87.6496	0.0057
50	5	10	940.476	66.514	59.524	88.5104	0.0057
51	10	1	940.482	66.508	59.518	89.5068	0.0057
52	12	2	940.488	66.502	59.512	90.5032	0.0057
53	14	3	940.566	66.424	59.434	91.4564	0.0057
54	16	4	940.65	66.34	59.35	92.406	0.0057
55	18	5	940.664	66.326	59.336	93.3976	0.0057
56	20	6	940.664	66.326	59.336	94.3976	0.0057

表5-5 **最优解工人和技能的对应关系**

k \ i	1	2	3	4	5	6	7	8	9	10
1	*									*
2	*								*	
3	*	*								
4		*								*
5		*	*							
6	*		*							
7			*	*						
8		*		*						
9				*	*					
10			*		*					
11					*	*				
12				*		*				
13						*	*			
14					*		*			
15							*	*		
16						*		*		
17								*	*	
18							*		*	
19									*	*
20								*		*

图5-1描述了期望需求满足量和总成本随特定技能培训数量增加的变化。显而易见的是，期望需求满足量随特定技能培训数量的增加而增加，直到特定技能培训数量增至55个。尽管总的趋势是明显的，但在特定技能培训量为30个和40个的时候出现了明显的拐点。特定技能培训数量从20个上升到30个，期望需求满足量从804.666上升到888.206，而总成本从139.9964下降到99.8724。特定技能培训数量从30个增至40个的过程中，期望需求满足量和总成本仍有改善，可是改善的速度有所下降。有趣的是，当特定技能培训数量到达40个之后，尽管期望需求

满足量仍在增长，但总成本却触底反弹。

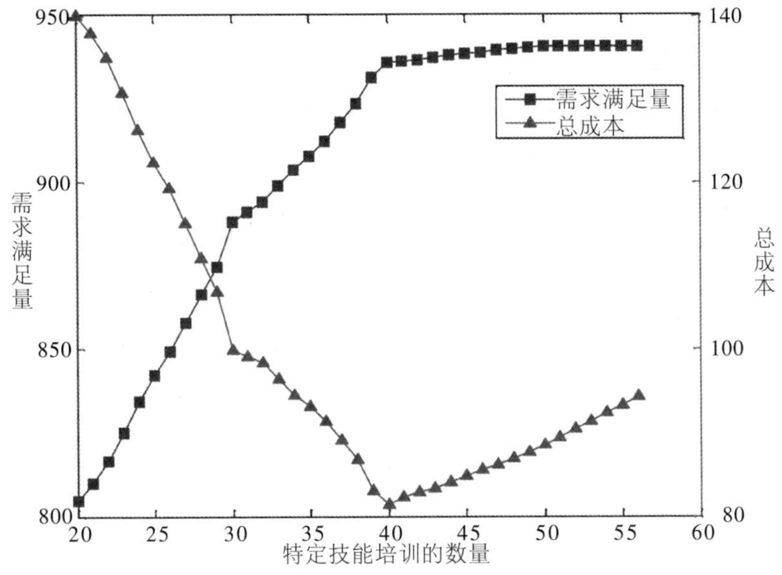

图 5-1 期望需求满足量和总成本的变化

如图5-2所示，特定技能培训数量为40个，其中实线为初始的特定技能培训，虚线为算法求得的技能培训情况，连接产品和工人的实线和虚线建立了封闭的长链。Jordan和Graves（1995）认为，长链连接的生产系统可以提供几乎与完全柔性系统相近的高柔性，并且当$\prod$值小于0.05时便没有必要增加更多的柔性。从表5-4中可以看出，最优成本对应的$\prod$值为0.0081，是小于0.05的，因此该方案在构建单元装配系统中得到了与制造柔性相似的结果。由于实验结果与设定的参数有关，在下一节中将分析不同需求和成本条件下的系统性能和技能配置变化。

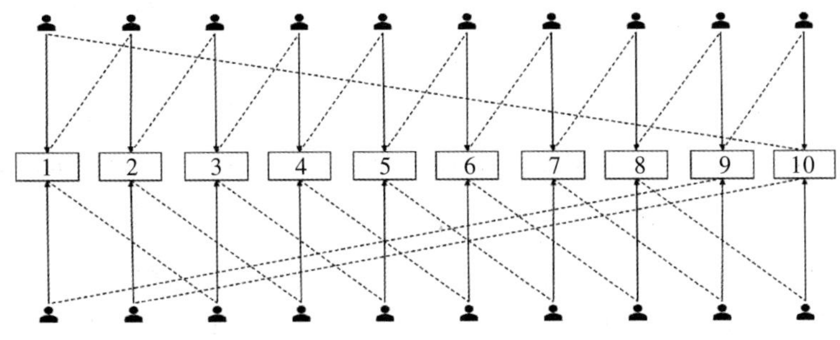

图 5-2 10种产品和20名工人的最优技能配置

5.5.2 需求相关参数的影响分析

基于基本实验的结果，本节通过数值实验，探讨需求相关的参数如何影响系统性能和最优技能配置，如不同的产品组合（CPM）、需求波动系数（CoF）和产品类型的数量（NPT）。

（1）不同产品间的差异程度对系统的影响分析。

为了评价不同产品组合关系对系统性能和最优技能配置的影响，本节考虑了表5-6所示的三种典型的产品需求组合，分别表示产品间的差异程度。表5-6中的值表示不同产品组合中每个产品类型的均值：产品组合1是第5.5.1的基础实验，产品组合1~3代表不同产品类型间需求的三种差异水平，即产品组合1表示各产品类型间没有差异，产品组合2表示产品间差异较小，产品组合3表示产品间差异较大。为了不损失一般性，三个产品组合的变异系数（$cv = \sigma/\mu$）的取值均为0.5。

表5-6 **不同产品组合的需求均值**

	产品组合的需求均值	CoF（cv）
产品组合1	$d_k = 100, \forall k$	0.5
产品组合2	$d_k \sim [80,120], \forall k, \sum_{k=1}^{K} d_k = 1000$	0.5
产品组合3	$d_k \sim [10,190], \forall k, \sum_{k=1}^{K} d_k = 1000$	0.5

通过数值实验，我们得到了三个样本的最佳工人技能训练策略，如图5-3所示。实验结果表明，特定技能培训数量和总成本都随着产品结构的差异变大而增加。特定技能培训数量分别为产品组合1和3的40、41和42，总成本分别为81.3412、82.0684和87.6672。

（2）需求变异系数对系统的影响分析。

需求波动水平的高低会影响单元装配系统的性能和工人技能配置。本节以$cv = \sigma/\mu$表示需求波动系数。通过选取cv值为0，0.1，0.2，…，0.9，表示需求波动的不同水平。cv = 0表示需求波动的最低水平，而cv = 0.9表示需求波动的最高水平。其他参数与基本实验相同，图5-4展示了不同CoF下系统所需的特定技能培训数量和总成本。即使总成本随着需求波动的增长而上升的趋势不可避免，但实验中仍有一些有趣的

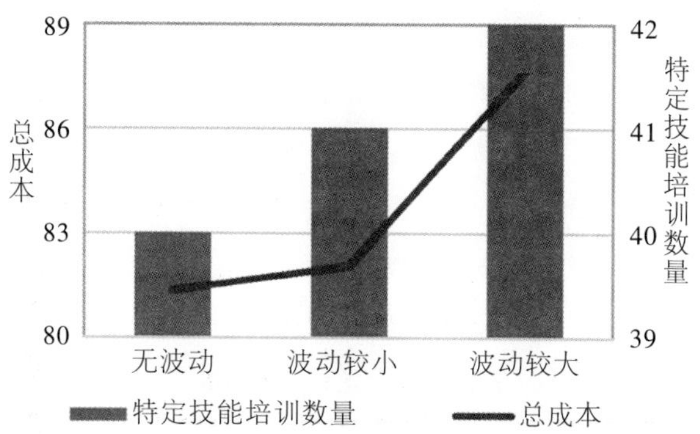

图5-3　三种产品组合的技能培训数量和总成本

发现。当cv≤0.2，即需求波动较小时，只需一半的工人被培训成双技能，且与各产品间的连线组成一条闭合长链，剩余一半的工人维持单一技能水平就可以得到全系统的最优成本。当0.4≤cv≤0.6时，为达到最优系统成本，所有工人都需要被培训两种特定技能，培训方案如图5-2所示。当cv≥0.8时，在之前的基础上，新增10名工人需要培训多一个特定技能，此时共有三条闭合的长链连接所有工人和产品类型。值得注意的是，当变异系数cv取值为0.3和0.7时，存在不完整的长链连接工人和产品类型。经研究可以得出结论：在面对稳定的需求时不需要多技能的工人，并且适当地进行特定技能培训可以达到与完全技能配置相似的系统性能（如长链技能配置）。

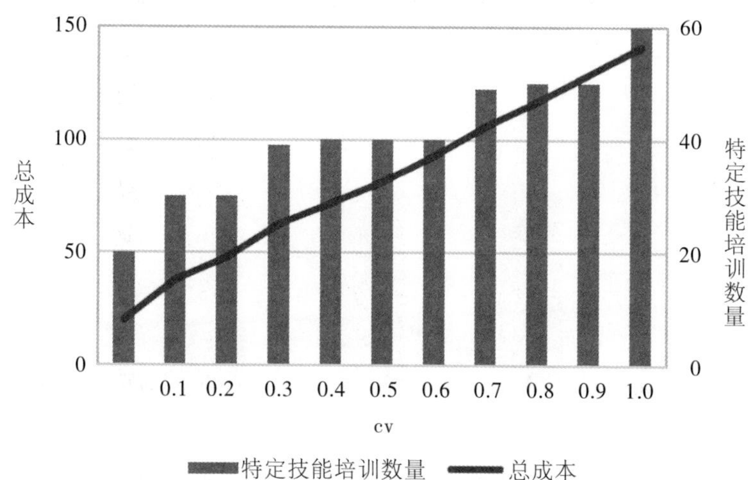

图5-4　需求变异系数对系统的影响

（3）产品种类数量对系统的影响分析。

虽然在简单的需求和供给关系下，系统的最优技能配置和成本很容易获得，但是系统各类指标随产品类型数量如何变化也需要被探讨。为了方便计算和比较，本节选择产品种类数量为10、20和40这3种情况来分析产品种类数量对系统成本和最优技能配置的影响。工人的数量仍为20且生产能力均为50，3种需求场景的具体信息见表5-7。

表5-7 **产品种类数量和需求均值**

产品种类数量	需求均值	CoF
10	100	0.5
20	50	0.5
40	25	0.5

10种、20种和40种产品需求下的总成本分别为81.3412、87.7016和100.5052。如图5-5所示，对于同一组相同的工人，总成本和特定技能培训数量均随产品种类的增加而上升。三种产品种类数量下的最优技能配置如图5-2、图5-6和图5-7所示。由图5-2可知，在10种产品类型的需求下，每个产品类型可由4名工人提供产能，同时有两条闭合的长链连接产品和工人。而在20种产品类型的需求下，每种产品只有2名工人可以提供产能，在40种产品类型的需求下，仅剩1.5名工人可以为每种产品提供产能。

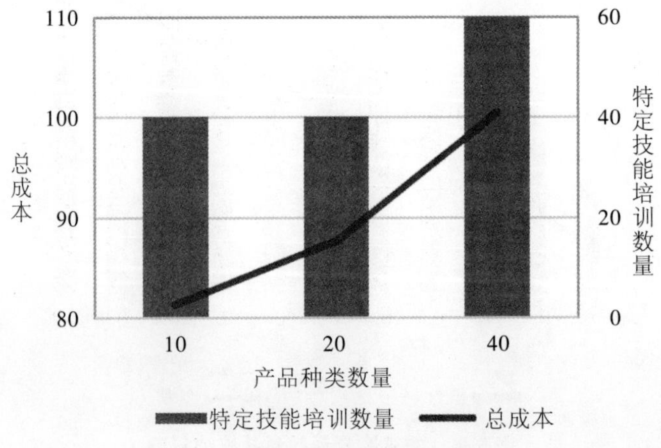

图5-5 产品种类数量对系统的影响

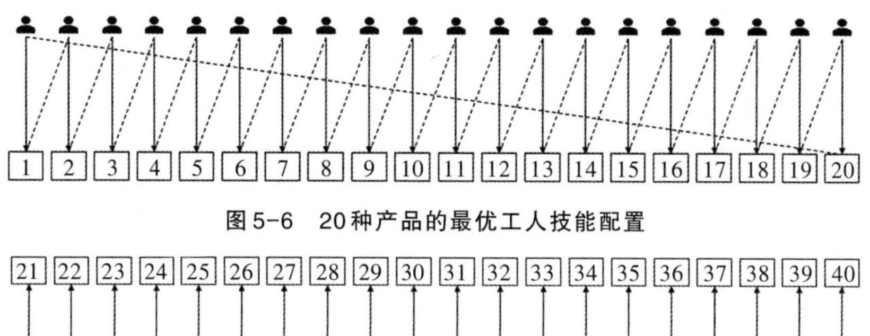

图 5-6　20种产品的最优工人技能配置

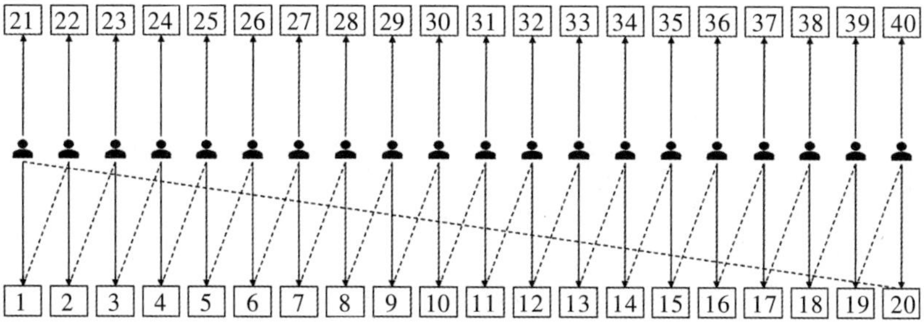

图 5-7　40种产品的最优工人技能配置

5.5.3　成本相关参数的影响分析

为了分析成本相关参数变化对系统的影响，在保持其他参数取值不变的情况下，设计培训成本C、销售机会损失惩罚系数（工人短缺成本）α和空闲产能惩罚成本系数（工人过剩成本）β三个参数单独变化，进行数值试验。实验结果如图5-8至图5-10所示，图中柱状图表示不同技能水平工人所占比例，折线图表示成本的变化。总成本和低技能水平工人的比例随单位培训成本的提升而增加。如图5-8所示，当单位培训成本为0时，只有15名工人被培训了三个技能而其他5名工人只培训了两个技能。随着单位培训成本的增加，更多的工人被培训较低的技能水平。当$C \geqslant 0.4$时，将没有工人被培训三个技能，而当$2.9 \leqslant C \leqslant 5$时，只有半数的工人需要培训双技能，另一半的工人只要具有单技能即可。当单位培训成本升至高于5时，单技能工人成为系统的最优选择。由该实验可知，在10种产品类型需求下，即使在单位培训成本忽略不计的极端情况下也没有工人被培训超过三个特定技能，更不必说完全技能。

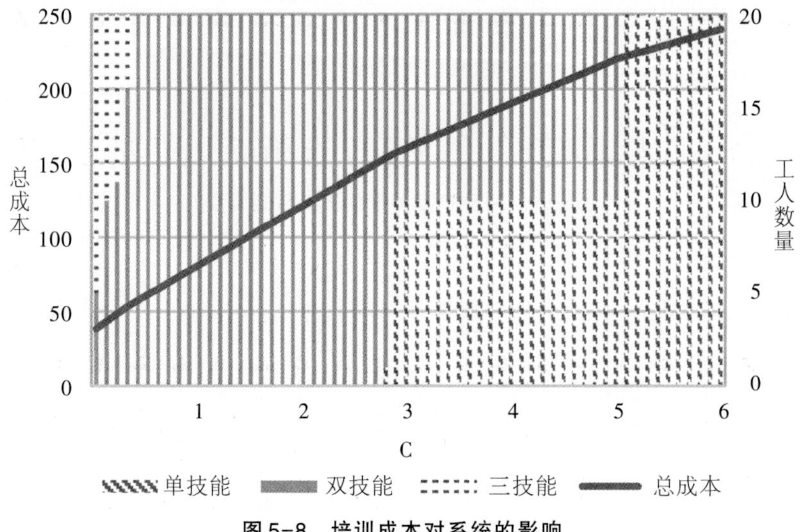

图 5-8　培训成本对系统的影响

总成本和工人的技能水平随着α和β值的上升而增加，如图 5-9 和图 5-10 所示。如图 5-9 所示，在不考虑工人短缺成本（α）的情况下，只有一半的工人被培训至双技能。与此同时，考虑了工人短缺成本情况下交叉培训在所难免，所有工人都必须掌握至少两种特定技能，尤其是α值较高时更为明显。当α≥1.76时，4 名双技能工人需要被培训更多的一项技能，当α≥1.88时，6 名工人需要更多的培训。随着工人短缺成本系数的增长，系统的总成本呈上升趋势，高技能水平工人的比例也有所提升，但即使在工人短缺成本系数较高的情况下依然不需要全能工，只有一半的工人需要掌握三种特定技能。

如图 5-10 所示，随着员工产能过剩惩罚系数（β）的增长，系统的期望总成本呈上升趋势，系统需要更多的高技能水平工人。当β≤0.08时，所有工人只具备单技能就可以保证系统的最优状态，而当 0.12≤β≤0.2 时，有 10 名工人被培训了双技能以提升系统性能。当β的值到达 1.96 时，20 名双技能工人中，有 4 名工人被培训了更多的一项特定技能。当β的值超过 2.08 时，三技能工人的数量上升至 9 名。

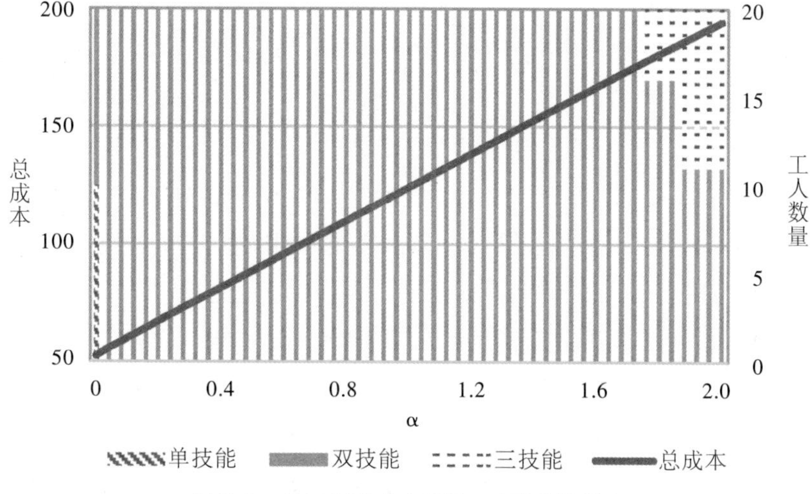

图5-9　员工短缺成本系数α对系统的影响

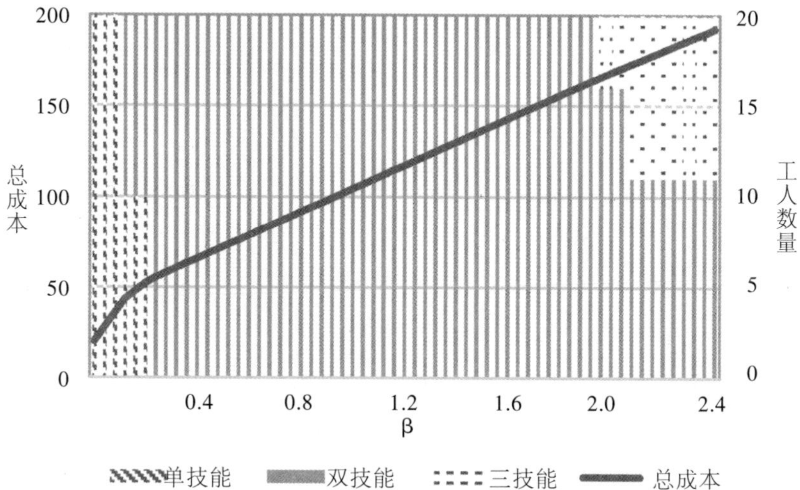

图5-10　产能过剩成本系数β对系统的影响

5.6　本章小结

本章针对非确定需求下的单元装配系统实施过程中的多技能培训问题进行了研究。在考虑培训成本、工人短缺成本和工人过剩成本的情况下，建立了非确定需求下单元装配系统成本最小化的随机数学模型。运用基于有限柔性的启发式算法对模型进行求解并对需求和成本相关的参数进行了敏感性分析。

本章从人员技能配置的角度对单元构建问题的多能工技能选择和配置进行研究，研究前提是假设产品种类已知，但需求按概率分布。在此情境下，本章将特定技能定义为除了基本技能之外，可以装配一种特定产品所需要的技能。与现有单元装配系统构建研究中假设所有工人具备加工全部产品类别的假设不同，本研究通过对非确定需求和现有工人的技能水平进行分析，有选择地对特定工人进行技能的培训。多能工的培训需要较高的成本与较多的时间，因此如何确定在非确定需求下技能培训的数量和对象是要解决的关键问题。当技能不足时，将市场需求出现无法满足的部分定义为工人短缺成本；当技能培训过多时，由于多能工技能的未被使用而导致了技能的过剩，即工人过剩成本。以三个成本的加总为目标函数构建方程。

由于需求的随机分布，在模型求解过程中采用了场景聚合法将原模型转换为两阶段模型，通过与基于有限柔性的启发式算法相结合，对原问题求解。在此基础上对模型设定的相关参数进行灵敏度分析，实验结果表明：

第一，特定技能培训数量和总成本都随着产品结构的差异增大而增加，当企业应对产品需求的变化幅度较大时，要投入更多的成本。

第二，当需求稳定时，单技能工人即可较好地完成生产任务，通过适当的特定技能培训，部分多技能工人也可以达到与完全技能配置工人相似的系统生产能力（如长链技能配置）。企业在应对多品种加工时，可以通过适当地选择工人的技能组合，合理地安排生产任务来降低对多能工和全能工的需求，从而降低生产成本以及降低培训难度。

第三，当产品总量不变而产品的种类增加时，对于同一组相同的工人，总成本和特定技能培训数量均随产品种类的增加而上升，即当企业应对产品需求的变化幅度较大时，要投入更多的成本。

第四，总成本和低技能水平工人的比例随单位培训成本的提升而增加。随着单位培训成本的增加，更多的工人被培训较低的技能水平。当工人短缺成本系数升高时，系统的总成本和高技能水平员工的比例均随之提升。但即使在极端情况（工人短缺成本系数极高）下，只有一半的工人需要掌握三种特定技能即可满足生产需求，而不需要全能工。

第6章 随机订单情景下考虑技能成本和服务水平的单元装配系统构建

6.1 子问题背景介绍

市场需求变化日益频繁，生产企业力求不断提升其市场响应能力和维持低成本运营以期在激烈的企业竞争中占据优势。由于产品需求的多样性和较短的生命周期，因此企业需保证能在订单到达时有竞争力的交货时间。本章以订单随机到达情景下的单元装配系统构建问题为研究对象，考虑工人的雇用成本与其技能水平相关，以生产系统的用工成本和服务水平为优化目标展开研究。

在现有的单元装配系统构建研究中，对于非确定需求的定义还有待细化。虽然Kaku等（2009）的模型和Yu等（2012，2013）对其研究的拓展都指出单元装配系统的构建是在需求产品类型和批次容量都不确定的情况下进行的，但是以上研究只是提出了需求的非确定性分布，在构建单元装配系统时还需要根据已知的需求分布生成产品组合和批次信息。也就是说，现有研究主要集中于针对已知的需求进行单元装配系统构建。但是市场需求不断变化，当需求情况出现变动时，现有的研究方法无法取得单元系统构建的最优解。一种解决方式是当需求发生变化时重新进行单元装配系统构建方案的选择，但是这种方法既耗时又费成本，并不是最好的应对方法。因此如何在订单随机到达的情境下，构建一个相对稳定的单元装配系统便成为研究的要点。

从研究目标的角度，现有研究多集中于时间相关的指标，如总装配周期和工人工作时间等（Kaku等，2009；Yu等，2014；Yu等，2017）。虽然时间相关的指标可以反映系统产出能力，但是不能准确说明系统的需求响应能力。生产制造系统作为典型的服务系统，对于市场动态需求的响应能力是一项重要的系统评价指标。本章考虑以服务系统常用的服务水平对单元制造系统进行评价。订单到达系统后，系统按照相应的调度规则进行装配生产，并以一定的时间交付客户。给定系统一个目标服务时间，如果订单可以在目标服务时间内被交付，则记作服务成功。在所有订单中，可以在目标服务时间内完成交付的订单比例，即系统的服务水平（Wang和Tang，2017）。

综上所述，本章主要研究了非确定条件下的单元装配系统构建问题，以最大化服务水平和最小化构建成本为目标，决策构建单元的数量、不同技能水平工人的数量、工人的组合方案和订单分配，构建多目标优化模型。为了求得多目标模型的帕累托前沿，本章提出了一种基于非支配排序遗传算法Ⅱ（NSGA-Ⅱ）的算法。通过数值实验，检验了成本和服务水平之间的权衡，以及单元装配系统的性能如何随着产品类型总数、产品批次容量的均值、产品批次容量的波动幅度和基于技能水平的成本等因素变化。

6.2 考虑技能成本和服务水平的单元构建模型

6.2.1 工人技能成本和系统服务水平的背景描述

对于单元装配系统的性能评价有多类指标，如时间相关指标、成本相关指标、空间相关指标等。现阶段研究主要集中于时间相关指标的优化。但是通过实际走访调查发现，企业更多关注的是生产系统的成本问题，尤其是生产制造部门。因为成本相关指标的重要性，本章主要以成本相关指标作为优化目标。生产系统的成本相关指标主要包括设备成本、部件移动成本、重置成本、劳务成本、在制品成本（Niakan，Baboli，Moyaux等，2016；Zohrevand等，2016）等。由单元装配系统的特征和优势可知，在系统中存在大量的工人自制低成本设备代替昂贵的大型设备，且一件产品的装配可以完整地在一个单元内操作完成（Stecke等，2014），所以设备成本和移动成本就无须考虑。本章试图构建一个稳定的单元装配系统应对非确定需求，且只有订单到达时才会进行生产，不存在重置成本、在制品成本和库存成本等（Wang和Tang，2018），因此本研究只考虑雇用工人的劳务成本。

服务水平是服务系统的随机优化模型中常用的评价指标（Bhulai，Koole和Pot，2008；Cezik和L'Ecuyer，2008；Louly和Dolgui，2013；Tarim，Dogru，Ozen等，2011），主要用于评价服务系统的响应能力。一方面，在有关库存管理的研究中，服务水平多被定义为需求的满足比例（Louly和Dolgui，2013；Tarim等，2011），即产出数量占需求数量的比例；另一方面，服务水平更多地被定义为可以在目标时间内完成的订单占所有订单的比例（Cezik和L'Ecuyer，2008）。在生产制造企业，交货期是获得竞争优势的重要时间指标。综合以上研究，本章定义服务水平为可以在目标时间内完成交货的订单量占总订单量的比例。本章考虑以工人技能工资和生产系统服务水平构建多目标数学模型。模型的优化目标有两个：一是最小化用人成本；二是最大化系统的服务水平。

首先，多技能工人的定义与前文类似，都是包含基本技能和区别于产品间的特定技能。以三种产品类型所需技能为例，在基本技能基础上有三种与产品相对应的特定技能，见表6-1。相应的工人可能存在7个技能水平，见表6-2。工人的雇用成本与他的技能水平直接相关，其掌握的技能越多需要支付的雇用成本也就越多。

表6-1　　三种产品类型与技能之间的对应关系

产品类型	基本技能	特定技能1	特定技能2	特定技能3
1	√	√		
2	√		√	
3	√			√

表6-2　　三种特定技能条件下可能的技能水平

技能水平	基本技能	特定技能1	特定技能2	特定技能3
1	*	*		
2	*		*	
3	*			*
4	*	*	*	
5	*	*		*
6	*		*	*
7	*	*	*	*

其次，本章对非确定需求进行新的定义。本章假设N类产品的订单按随机间隔、随机到达，且每个订单内只存在单一类型的产品。订单内的产品数量服从均值为μ、方差为σ的正态分布。每类产品的订单到达间隔服从均值为λ_n、方差为σ_n的正态分布。每一个产品类别为n的订单将会被按照先到先服务的调度规则分配到具备该种产品加工能力的单元内。因此，在订单到达时可能存在三种情况：第一种情况是只存在一个符合条件的空闲单元，则该订单将直接被分配到该单元；第二种情况是所有单元都处在占用状态，则该订单将被分配到第一个空闲的符合条件的单元内；第三种情况是存在两个或两个以上的符合条件的空闲单元，则该订单将被分配到技能水平更小的单元内，以保证其他的单元可以处理更多的产品类型。与此同时，所有订单不可分割，即每个订单必须在单一单元内完成装配。

另外，巡回式单元是本章考虑的唯一单元构建形式，所有的工人都可以完成至少一种产品类型的全部装配过程。此外，系统中单元的数量和每个单元内的工人数可能不同。单元的技能水平是由分配给该单元所有工人的技能集的交集决定的，因此分配给一个单元的所有产品都可以由任何一个单元内的工人进行装配。单人单元（Yatai）也应该被考虑，因为它是一种特殊形式的巡回式单元。单元装配系统构建成功后工人组合就不会发生变化，每名工人从头到尾都服务于同一个单元，不存在工人的单元间移动。当分配到同一单元的连续两个订单为同一产品类型时，则不需要进行生产准备；而当连续两个订单为不同产品类型时，则考虑生产准备时间。

6.2.2 模型参数说明

（1）索引号。

j　单元的索引号（j=1，…，J）；

n　产品类型索引号（n=1，…，N）；

s　技能水平索引号（s=1，…，S）；

o　订单索引号（o=1，…，O）；

k　单元内产品批次的顺序（k=1，…，O）。

（2）相关参数变量。

J_{max}　系统中单元的最大数量。

A_{max}　每个单元内工人的最大数量。

N　总产品类型数量。

η　基于基本工资的技能工资。

T_n　产品类型n的总加工时间。

ST_n　产品类型n的生产准备时间。

$$U_{sj}=\begin{cases}1, & \text{如果单元j的技能水平为s;}\\ 0, & \text{否则;}\end{cases}$$

$$V_{sn}=\begin{cases}1, & \text{如果技能水平s包含装配产品类型n的特定技能;}\\ 0, & \text{否则;}\end{cases}$$

$$W_{on}=\begin{cases}1, & \text{如果订单o的产品类型为n;}\\ 0, & \text{否则;}\end{cases}$$

$S=\sum_{n=1}^{N}C_N^n$ 技能水平总量。

C^0 工人的基本工资。

AT_o 订单o的到达时间。

ST_o 订单o的生产准备时间。

BT_o 订单o的开始装配时间。

PT_o 订单o的装配时间。

FT_o 订单o的完成时间。

（3）决策变量。

X_{sj} 分配到单元j的技能水平为s的工人数量。

$$Z_{okj}=\begin{cases}1, & \text{如果订单o以第k个顺序分配到单元j中；}\\ 0, & \text{否则。}\end{cases}$$

6.2.3 订单随机到达情景下的单元构建随机优化模型

如前文所述，本章考虑订单随机到达情景下的单元装配系统构建问题。研究决策每个技能水平的工人数量以及如何将工人组合在不同的单元内。

除了需要支付工人的基本工资C^0外，工人还将被支付技能工资。工人掌握的特定技能越多，需要被支付的技能工资按照技能工资系数η成比例上升。所以技能水平为s的工人将被支付的工资总额为$(1+\sum_{1}^{N}\eta\times V_{sn})\times C^0$。单元j内的工人总数可以表示为$\sum_{s=1}^{S}X_{sj}$，即所有技能水平工人的数量总和。因此，作为模型的第一个优化目标，最小化单元装配系统的用工成本可以表述为：

$$C=\sum_{j=1}^{J}\sum_{s=1}^{S}X_{sj}\times(1+\sum_{1}^{N}\eta\times V_{sn})\times C^0 \tag{6-1}$$

依据6.2.1提出的调度规则，每个订单以先到先服务的规则优先分配到技能水平较低的符合装配条件的空闲单元内。因为单元的技能水平是单元内所有工人技能组合的交集，所以订单o可以被所分配单元内所有工人共同完成。订单o的装配时间PT_o与其所在单元内的工人数量和工人整体的操作熟练程度相关，可以用数学表达式表述为：

$$PT_o = \sum_{j=1}^{J}\sum_{k=1}^{K}\frac{T_n B_o U_{on} Z_{okj}}{\sum_{s=1}^{S} X_{sj}} \tag{6-2}$$

当分配到同一单元内的紧邻两个批次的产品类型相同时可以直接进行生产；而当紧邻批次的产品类型不同时，由于装配工艺和工装卡具的差异需要进行生产设备调整，产生生产准备时间。为了便于计算，本章设定所有产品的生产准备时间为相同值ST_n。订单o的生产准备时间ST_o可以表达为：

$$ST_o = \sum_{n=1}^{N} ST_n U_{on}\left(1 - \sum_{o'=1}^{O} U_{o'n} Z_{o'(k-1)j}\right) \tag{6-3}$$

如6.2.1所提出的订单到达后可能出现的三种状况，订单的开始加工时间也存在三种可能：当订单o到达时，如果有一个或多个符合条件的空闲单元，则订单直接分配并开始加工，订单o的开始装配时间为BT_o即订单的到达时间AT_o；当订单到达后所有的单元都处于占用状态时，订单o必须等待有空闲的单元出现才可以进行分配，则订单o的开始装配时间为BT_o即所分配单元装配的上一个订单的完成时间$\sum_{p=1}^{o-1}\sum_{j=1}^{J}\sum_{k=1}^{O}(BT_p + PT_p + ST_p) Z_{okj} Z_{p(k-1)j}$；因为订单可能不会在到达时刻立即进行加工，所以存在等待交货时间，则订单o的开始装配时间和等待装配时间分别表述为：

$$BT_o = \max\left\{AT_o, \sum_{p=1}^{o-1}\sum_{j=1}^{J}\sum_{k=1}^{O}(BT_p + PT_p + ST_p) Z_{okj} Z_{p(k-1)j}\right\} \tag{6-4}$$

$$WT_o = BT_o + PT_o + ST_o - AT_o \tag{6-5}$$

服务水平是常用的服务系统性能评价指标。本章定义的服务水平为在所有的订单中可以在目标交货时间内交付完成的订单的比例。如果订单o可以在目标交货时间T_{max}内交货，则取值$L_o = 1$；否则$L_o = 0$。因此，单元装配系统的服务水平可以表述为：

$$SL = \frac{E\left[\sum_{o=1}^{O}\sum_{k=1}^{K}\sum_{j=1}^{J} Z_{okj} \times L_o\right]}{E\left[\sum_{o=1}^{O}\sum_{k=1}^{K}\sum_{j=1}^{J} Z_{okj}\right]} \tag{6-6}$$

综上所述，本章构建的多目标优化模型如下所述：

$$LC = \min \sum_{j=1}^{J}\sum_{s=1}^{S} X_{sj} \times (1 + \sum_{1}^{N} \eta \times V_{sn}) \times C^{0} \tag{6-7}$$

$$SL = \max \frac{E\left[\sum_{o=1}^{O}\sum_{k=1}^{K}\sum_{j=1}^{J} Z_{okj} \times L_{o}\right]}{E\left[\sum_{o=1}^{O}\sum_{k=1}^{K}\sum_{j=1}^{J} Z_{okj}\right]} \tag{6-8}$$

$$s.t.\ 1 \leqslant \sum_{s=1}^{S} X_{sj} \leqslant A_{max},\ \forall j = 1,\ 2,\ \dots,\ J \tag{6-9}$$

$$J \leqslant J_{max} \tag{6-10}$$

$$\sum_{k=1}^{K}\sum_{j=1}^{J} Z_{okj} = 1,\ \forall o = 1,\ 2,\ \dots,\ O \tag{6-11}$$

$$\sum_{k=1}^{K} Z_{okj} \leqslant W_{on} V_{sn} U_{sj},\ \forall o,\ j \tag{6-12}$$

$$Z_{okj} \leqslant Z_{o'(k-1)j},\ \forall o',\ o = 1,\ 2,\ \dots,\ O,\ o' < o,\ k = 2,\ 3,\ \dots,\ K;\ j = 1,\ 2,\ \dots,\ J \tag{6-13}$$

目标函数式（6-7）表示最小化工人雇用成本；目标函数式（6-8）表示最大化系统服务水平；约束式（6-9）确保分配到任一单元的工人数量最少为1，最大为工人总数；约束式（6-10）确保系统内的单元数量不超过限定值；约束式（6-11）和式（6-12）确保每个订单只能被分配一次，且被分配到具有装配能力的单元内；约束式（6-13）确保先到先服务的调度规则。

推理：可以通过在同一个单元内只分配相同技能水平工人的方式减小非确定需求下的单元装配系统构建问题的解空间。

证明：当多名工人被分配到同一单元内时，单元可以装配的产品类型是由全部工人所掌握技能集的交集决定的。因此，当分配到同一单元的工人技能水平参差不齐时，与交集不匹配的技能未发挥作用，产生了浪费。例如，一个可以装配3种产品的生产系统，有4名多技能工人被分配到同一个单元内，见表6-3。该单元的技能水平为内部所有工人技能的交集，即基本技能和特定技能1。因此，在该单元内除特定技能1之外，支付给工人1、2和3的特定技能2和特定技能3的技能工资为无用的支出。3名工人的特定技能没有被充分利用且由于掌握较多特定技能被支付了更多的报酬，对管理者而言产生了不必要的成本支出。如果分配到同一单元的工人具备相同的技能集，则该单元的技能水平就与所有工人的技能水平相一致，既没有付出不必要的技能薪酬，也没有浪费工人所掌握的特定技能。

表6-3　　4名工人与3种产品的技能对应关系

工人编码	基本技能	特定技能1	特定技能2	特定技能3
1	*	*		*
2	*	*	*	
3	*	*	*	*
4	*	*		

6.3　求解单元构建问题的NSGA-Ⅱ算法设计

上一章提出的已知工人数量的技能配置问题求解空间巨大，无法在有限时间内获得最优解。本章问题在上一章的基础上又增加了工人数量不确定的因素，因此问题复杂性进一步提升，需要应用启发式算法求解。根据模型的特征选择使用基于NSGA-Ⅱ的优化算法进行求解。鉴于模型中随机变量的加入难以用解析方式求得目标值，本研究结合场景聚合法得到随机场景下的近似平均值作为随机方程的解。

6.3.1　染色体的编码与解码

虽然系统中单元的数量越多，系统的应变能力和生产效率越高，但是考虑到生产空间的局限和成本的约束通常会设定一个构建单元的最大上限J_{max}，并且每个单元内工人的数量也有上限（A_{max}）。每个染色体由$2J_{max}$个自然数编码而成，每一组奇数位和偶数位的编码代表一个单元。其中，奇数位的编码表示该单元的技能水平，偶数位的编码表示该单元内工人的数量。只有连续的一组奇偶数位置的编码为非零自然数时，该单元才得以确立。例如，一个构建单元数量上限$J_{max}=5$的编码情况为“2 4 0 5 2 0 3 2 0 0”，染色体中共有10个自然数编码，其中4位为0。该个体按照编码规则可以解码为系统构建两个单元，第一个单元的技能水平为2且有4名工人，第二个单元技能水平为3且有2名工人。

6.3.2 结合场景聚合法的适应值函数

为了处理模型的随机性，结合场景聚合法从给定的分布中抽取一定数量的情景，并通过对大量的情景目标值求均值的方式近似求解随机规划的目标值。当场景数量足够大时，可以通过求解一系列确定性模型来等效求解随机规划模型。每个抽样场景包含订单的产品类型，订单的到达顺序和到达时间。在本节中，选取足够大的样本数量Y，使用场景聚合法重写目标函数，将目标函数式（6-8）改写为：

$$SL = \max \frac{1}{Y}\sum_{y=1}^{Y}\frac{E\left[\sum_{o=1}^{O}\sum_{k=1}^{K}\sum_{j=1}^{J}Z_{okj}\times L_o\right]}{E\left[\sum_{o=1}^{O}\sum_{k=1}^{K}\sum_{j=1}^{J}Z_{okj}\right]} \tag{6-14}$$

通过该方法对每一个染色体进行解码并求目标值，作为染色体的适应值进行个体的排序和选择。

6.3.3 交叉与变异

根据问题的特征，本研究选用顺序交叉法对染色体进行交叉运算。通过随机选择两个交叉点，将两个父代个体中两个交叉点内的编码互换，其他部分编码不变，生成子代个体。随机的交叉点可以在奇数位、偶数位，甚至是起始和终止位置。通过个体的交叉运算可以从构建单元的数量、技术水平和单元内的工人数量等方面改变个体所代表的单元构建方案。例如，存在父代个体1“3 5 6 | 0 2 4 5 | 0 1 3”和父代个体2“2 1 3 | 5 2 0 1 | 3 0 1”，在标记位置进行交叉运算，结果为子代个体1“3 5 6 | 5 2 0 1 | 0 1 3”和子代个体2“2 1 3 | 0 2 4 5 | 3 0 1”。父代个体1代表构建方案为构建3个单元，第一个单元为5名技能水平为3的工人，第二个单元为2名技能水平为4的工人，第三个单元为3名技能水平为1的工人。通过交叉运算后，子代个体1代表的构建方案转化为第二个单元有6名技能水平为5的工人。

为了防止算法陷入局部最优并保证种群的多样性，变异操作在较低的概率下进行。由于染色体的编码中包含了单元的技术水平和工人数量两种信息，因此变异操作过程将随机选择一个单元对两个信息同时进行修改。例如，对染色体“2 4 0 5 2 0 3 2 0 0”所标记的位置进行变异操作，随机生成2位编码对划线位置进行替换，变异操作后染色体为“2 4 0 5 2 0 5 3 0 0”，因此系统中第二个单元由2名技能水平为3的工人转变为3名技能水平为5的工人。

6.3.4 算法步骤

基于文献（Deb，2002）提出的NSGA-Ⅱ算法，针对本章研究问题的特点，运用的算法步骤如下：

步骤1：随机生成规模为N的初始种群P_0；

步骤2：将种群内的个体解码，并计算每个个体的各分目标的目标值和适应值，对种群内的个体进行非支配排序和拥挤距离的计算，按优劣程度排列个体；

步骤3：通过交叉和变异等操作进行GA的运算，生成规模为N的后代种群Q_0；

步骤4：将P_0和Q_0合并为规模为2N的种群$P_0 \cup Q_0$；

步骤5：对$P_0 \cup Q_0$进行解码，重复个体的剔除操作；

步骤6：将种群内的个体解码，并计算每个个体的各分目标的目标值和适应值，对种群内的个体进行非支配排序和拥挤距离的计算，按优劣程度排列个体；

步骤7：按序选择最优的N个个体作为新的父代种群P_1；

步骤8：重复步骤3到步骤7，直至到达最大迭代次数；

步骤9：输出最终非支配排序解。

6.4 数值实验分析

为了分析模型和算法的正确性和有效性，本节按照相应的分布规则生成了一系列数值实例进行模型验证。为了给生产管理者提供管理建议，除了对多目标模型进行帕累托前沿的基本实验之外，本节还在其他参数保持不变的情况下，分析相关参数，如订单容量的均值、订单容量的变异系数、技能成本系数和产品类型数量的变化对单元装配系统的性能和成本的影响。

6.4.1 实验参数设置

研究基本实验的参数设置见表6-4。在基础实验中，考虑一个8小时工作制的单元装配系统应对三种产品的非确定需求。为了便于计算分析，每名工人的基本薪酬设置为10。虽然工人的工资会随着工人的工作效率和技能水平有一定的提升，但是在与生产管理者的访谈中得知在同一组织内部工作的工人更倾向较小的工资支付差异，尤其是基层工人（Kuhn和Yockey，2003）。因此在基本实验中将技能工资系数η设置为一个较小的值0.01，一个具备两种特定技能的工人工资则为$10(1+2\eta)=10.2$。各类型产品的总加工时间和生产准备时间分别为10分钟和1.8分钟。系统中构建单元的最大数量和每个单元内的工人最大数量均为10。服务水平被定义为在目标时间300分钟内可以完成交货的订单占全部订单数的比例。基础实验中基于三种产品的需求非确定场景，订单到达时间间隔信息见表6-5。所有产品类型的订单容量服从均值为50、方差为5的正态分布，且为整数值。为了权衡计算时间和目标函数估计值的准确性，场景聚合法的抽样数量Y取值为500。

表6-4 **相关参数取值**

相关参数	参数取值
N	3
C^0	10
η	0.01
B_o	N（50，5）
T_n	10
ST_n	1.8
J_{max}	10
A_{max}	10
T_{max}	300

表6-5 三种产品订单到达时间间隔的分布规则

产品类型	分布规则
1	λ_1~N(150，15)
2	λ_2~N(100，10)
3	λ_3~N(60，6)

对于NSGA-Ⅱ算法部分，交叉概率和变异概率的选择不但会影响帕累托前沿的收敛速度，而且会影响种群的多样性。在本研究中，设置交叉概率为$P_c = 0.8$，变异概率为$P_m = 0.2$，种群规模为100。

6.4.2 基础实验

本节共进行了两个部分的实验：第一部分说明了如何应用所提出的模型和算法；第二部分试图回答在确定需求下求得的最优单元构建方案在动态需求下是否仍然可以表现良好，以及在非确定需求下何种技能配置更为有效。为了回答以上问题，按照6.4.1的订单到达规则，生成500个现实场景用于求得目标函数值的平均近似值。运用结合场景聚合法的NSGA-Ⅱ算法，基础实验的最终结果如图6-1所示。如帕累托前沿所示，系统的服务水平随支出成本的增加而上升，但是在上升到一定水平后上升的速度有所减缓。生产管理者可以根据期待达到的服务水平选择适当的技能配置。

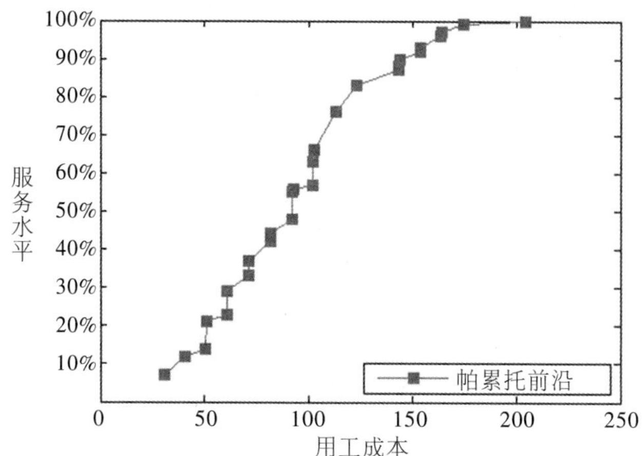

图6-1 订单随机到达下的帕累托前沿（三种产品）

虽然运用现有的单元装配系统构建方法可以根据订单的先后顺序和批次信息获得最优构建方案，但是运用在相同需求分布规则下生成的单一场景构建的单元装配系统在实际的应用过程中表现又会如何呢？为了回答这个问题，本节在生成的500个场景中选择一个作为确定性场景进行最优单元构建方案的求解，并将所求解在全部场景中进行平均，如图6-2所示。其中，“■”表示在确定场景下所得帕累托前沿，“▲”为相同方案在所有场景中的性能指标的平均值。实验结果表明，虽然按照同样的分布规律可获得已知场景的订单信息，但以此构建的单元装配系统无法在需求非确定环境中得到相同的性能。尤其在期望得到高服务水平时需要付出更高的成本。实验的具体数据见表6-6，表中第1列是帕累托前沿的索引号；第2列是系统中的单元数量；第3列到第5列分别代表不同技能水平的工人数量；第6列表示系统的人工成本；第7列和第8列分别为确定场景的服务水平和相同构建方案在所有场景平均情况下的服务水平；最后一列为第7列和第8列的差值。例如，表6-6中索引号为“7”的行表示在系统中共有8名工人构建2个单元，其中4名工人为单技能工人，其他4名工人为双技能工人。在此构建方案下，用工成本为81.2，确定场景下的服务水平为73%而在所有场景平均情况下仅为42%，相差31%。由表格最后一列可以明显得到结论，随着构建方案投入成本的上升，在确定场景下的服务水平提升较为明显而在所有场景平均情况下的服务水平提升速度减缓。例如，最后一行表示在确定场景下已经达到服务水平为100%的构建方案，在所有场景平均情况下的服务水平仅为56%。因此，依靠确定需求构建的单元装配系统难以在动态需求情景下获得较高的性能。

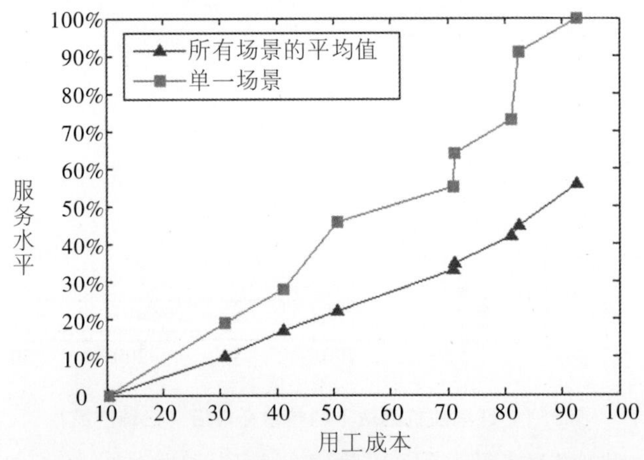

图6-2 确定场景的帕累托前沿与所有场景均值的对比

表6-6　　**确定场景的帕累托前沿与所有场景均值的性能比较**

索引号	单元数量	工人数量			成本	服务水平		差值
		单技能	双技能	全技能		确定场景	所有场景平均	
1	1	0	0	1	10.3	0	0	0
2	1	0	0	3	30.9	19%	10%	9%
3	1	0	0	4	41.2	28%	17%	11%
4	2	4	0	1	50.7	46%	22%	24%
5	2	4	3	0	71.0	55%	33%	22%
6	2	4	0	3	71.3	64%	35%	29%
7	2	4	4	0	81.2	73%	42%	31%
8	2	0	0	8	82.4	91%	45%	46%
9	2	0	0	9	92.7	100%	56%	44%

为了回答提出的第二个问题，本节进行了5种产品非确定需求场景下的相似实验。实验结果如图6-3所示，通过不同形状区分雇用各技能水平的工人数量。随着系统服务水平的上升，系统中使用了更高比例的高技能水平工人。但是结果也同时表明，即使在服务水平达到97%时，仍然没有雇用全技能的工人。因此得出结论：在适当的工人技能组合和订单分配规则下，单元装配系统内的工人不需要掌握全部产品的装配技能也可以得到同样的系统性能。

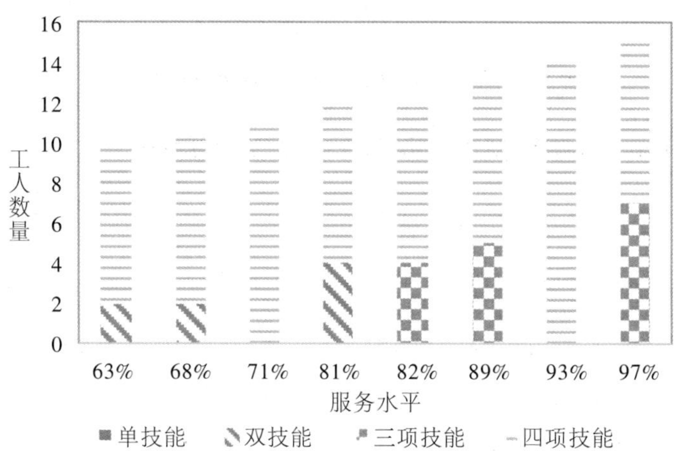

图6-3　5种产品场景下工人的技能配置

为了分析现实因素对单元装配系统性能和技能配置的影响，本节对模型的相关参数进行敏感性分析。相关参数包括订单容量的均值、订单容量的变异系数、总产品种类数量和技能工资系数。

6.4.3 订单容量均值对系统的影响

由于每天系统可以处理的产品总数量相对稳定，因此较低的订单内产品数量的均值代表更多的订单到达，此时系统将面临更为频繁的批次变动和产品类型更替。在本节中，选取的订单产品数量均值分别为10、25和50，分别代表小批量、中批量和大批量的订单。三种类型的批量均值对比结果如图6-4所示，结果表明为了达到同一服务水平，在应对较小批量的订单需求时系统需要付出更高的用工成本。

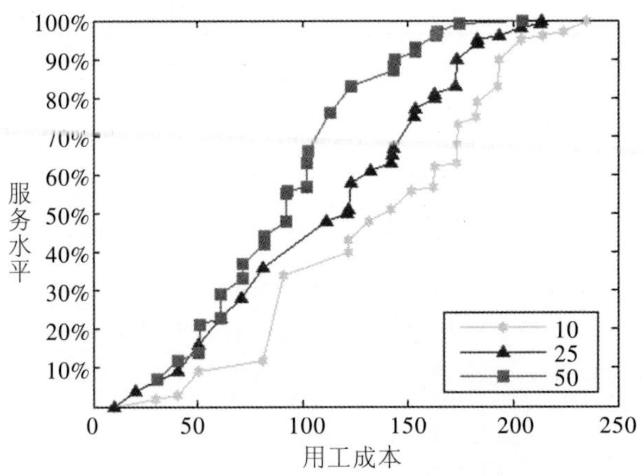

图6-4 不同订单容量均值下的帕累托前沿对比

6.4.4 订单容量的波动程度对系统的影响

产品需求的波动程度通常以产品需求的方差与均值的比例，即变异系数（Coefficient of Fluctuation，$cf=\frac{\sigma}{\mu}$）来表示。本节选取的变异系数值分别为0、0.1、0.3和0.5，代表需求波动程度从低到高。cf=0表示所有的需求无波动，即所有订单均为同一数量的产品，不存在需求波动。cf=0.5表示需求的波动较高，订单内产品数量差异较大。实验对比不同变异系数下的帕累托前沿，结果如图6-5所示。实验结果表明，不同的需求变异系数对单元装配系统的用工成本支出和服务水平没有明显影响。也就是说，订单容量的波动程度对单元装配系统构建方案无影响，单元装配系统可以较好地处理由于订单容量波动所引起的需求变化。

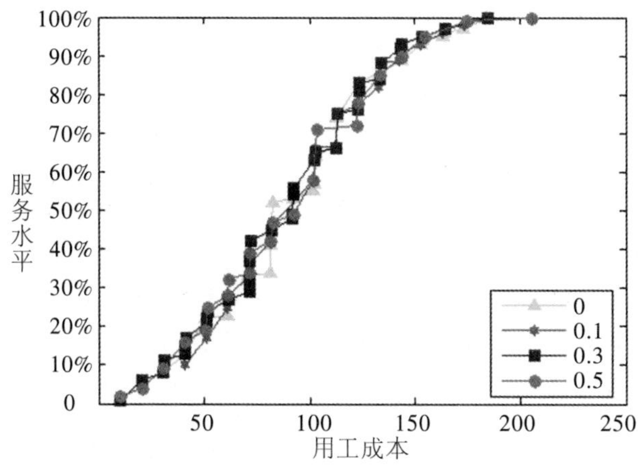

图6-5 不同订单容量变异系数下的帕累托前沿对比

6.4.5 产品类型数量对系统的影响

生产系统的响应能力还有很重要的评价标准，即其所能服务的产品种类数量，系统可以应对的产品类型多且不会付出较高成本，说明该系统的多品种应对能力强。因此本节中针对系统所服务产品类型的数量不同，对系统进行比较分析。本节对总产品类型数量的取值分别为3、4和5，代表产品种类数从低到高。实验结果如图6-6所示，表明随着产品类型数量的增加，系统的用工成本和服务水平没有明显差异。

6.4.6 技能工资系数对系统的影响

工人的雇用工资与其所掌握的技能水平直接相关，对于技能水平为s的工人，应该被支付的工资为$(1+\sum_1^N \eta \times V_{sn}) \times C^0$。毫无疑问的是，系统的性能随着工人整体技能水平的提升一定会有所提升。但是当技能工资占基本工资的比例发生变化时，系统性能最优状态下工人的技能配置又

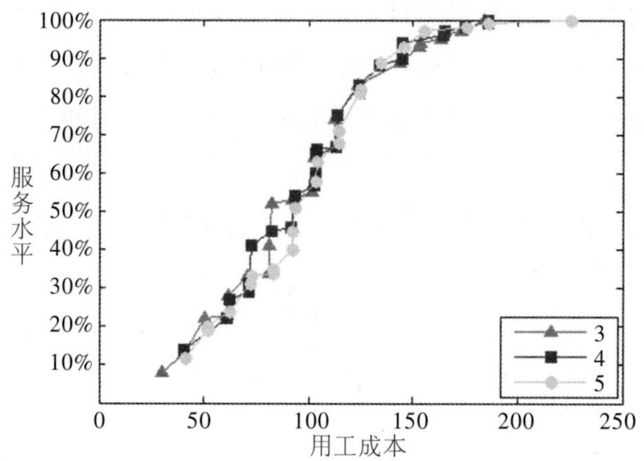

图 6-6 不同产品类型数量下的帕累托前沿对比

会发生什么样的变化呢？为了回答这一问题，本节对不同的技能工资系数进行对比试验。对技能工资系数η（单一技能工资占基本工资的比例）分别取值0.01、0.05、0.1和0.2，代表技能工资占基本工资比例从高到低。4种技能工资系数的帕累托前沿对比如图6-7所示，结果表明为了达到同等的服务水平，随着技能工资系数的增加系统需要付出更高的用工成本。服务水平同为80%的4种技能工资系数下的系统技能配置如图6-8所示。结果表明，随着技能工资系数的增加，系统中高技能水平的工人数量下降，而更多地使用了低技能水平的工人。

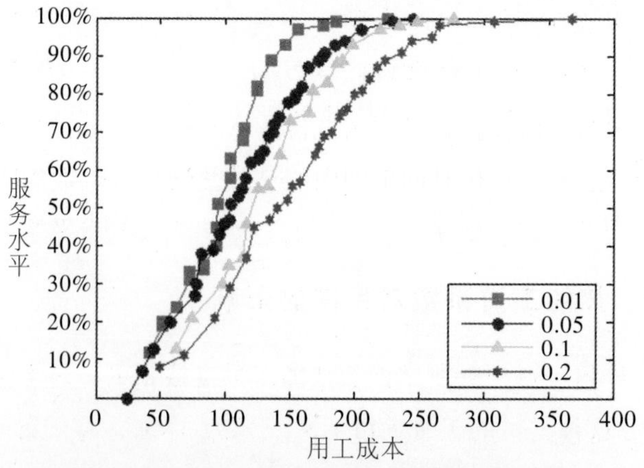

图 6-7 不同技能工资系数下的帕累托前沿对比

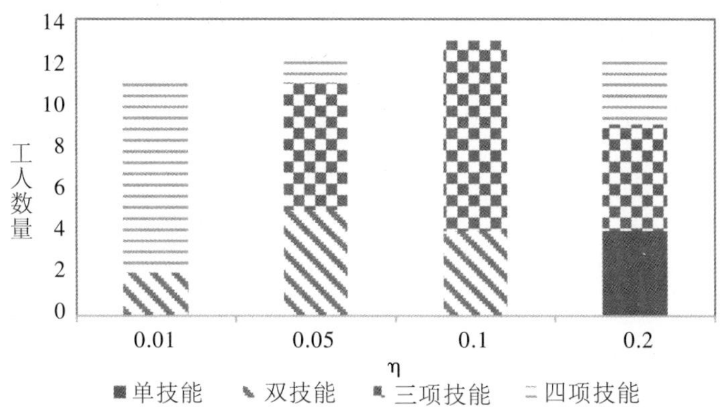

图6-8　不同技能工资系数下的技能配置对比

6.5　本章小结

本章主要研究了订单随机到达情景下的单元装配系统构建问题，考虑基于技能水平的用工成本和订单响应能力，以最大化服务水平和最小化构建成本为目标构建多目标优化模型，决策构建单元的数量、工人的技能水平和数量、工人的组合方案和订单分配。为了求解多目标模型的帕累托前沿，本章应用了基于非支配排序遗传算法Ⅱ（NSGA-Ⅱ）的算法。

本章以订单随机到达的非确定需求情景为研究背景，订单内的产品类型、产品数量以及订单的到达时间均为随机的。在此情况下，定义系统的服务水平为可以在预计时间内交付的订单比例，即订单交付时间与订单到达时间之差在承诺时间范围内的订单数与总订单数的比例。定义用工成本包括工人的基本工资和技能工资，随着技能水平的上升，技能工资随之增加。

为了求解该模型，基于NSGA-Ⅱ算法的一般过程，选用符合模型特征的染色体编码和迭代规则，并采用与场景聚合法相结合的方法。通过基础实验证明算法对问题的求解能力，同时对相关参数进行分析。

实验结果表明：(1) 为了达到提升系统服务水平的目标，可以通过增加成本投入实现。但是，在成本投入增加到一定程度后，服务水平的提升速度会有所减缓；（2）随着服务水平的提高，系统中高技能工人的比例提升而低技能水平工人比例却降低了；（3）当基于技能水平的成本增加时，为了达到相同的服务水平，系统将支付更高的成本，并增加低技能水平工人的比例；（4）为了保持服务水平不变，当批次容量的均值增加时，单元装配系统的成本也会增加；（5）产品类型数量和产品批次容量的变化不会影响单元装配系统的成本投入和服务水平。

第 7 章　结论与展望

7.1　研究结论

针对市场由大规模单一产品需求转化为多品种、小批量，产品更新换代快等市场环境的变化，本书面向装配制造企业，以单元装配系统构建为研究对象，充分考虑工人技能、合作效率的差异性和市场需求的非确定性，紧跟制造行业的现实需求，在充分分析制造模式的演化和发展历程后，针对单元装配系统的工人组合问题和工人技能配置问题进行了研究，设计和运用启发式算法，分别决策构建单元的数量，每个单元内分配工人的情况，以及工人的技能水平。充分分析了实验结果，讨论了构建方案在不同场景下的适用性和调整方式，为生产管理者提供相应的理论支持和管理建议。本书从理论上在一定程度上丰富了单元装配系统构建的研究问题和理论方法体系，从实践方面为生产管理者提供了具有可操作性的实施方法和技术，为后续的研究和管理工作奠定了基础。具体研究成果如下：

（1）现有单元装配系统构建方案多考虑工人工作能力的差异，而未将工人间合作效率考虑其中。本书针对工人合作效率差异的现状，研究单元装配系统构建问题。定义工人间合作系数以描述工人合作效率的差异，并作用于工人的装配时间从而影响系统的工人组合方案。为提升系统的生产效率，考虑工人合作系数，以最小化总装配周期和最小化工人总工作时间为目标，建立单元装配系统构建的多目标优化模型。应用基于NSGA-Ⅱ的多目标启发式算法求解该问题。数值实验结果表明，考虑工人合作关系可以提升系统的整体性能，当整体合作水平较高且存在较大差异时，系统性能的提升幅度更为明显。

（2）由于季节性和节假日促销等因素，市场需求会按照一定的规律进行波动。通过分析现有单元装配系统构建问题，发现对于需求波动情景少有提及。本书以现有单元装配系统构建方法为基础，生成符合非确定需求的场景以及场景出现概率，考虑需求场景的波动因素，以最小化多场景情况下装配时间的均值和方差为目标，构建多目标优化模型，决策构建的单元数量和单元内工人的分配，以期通过构建稳定的单元装配系统应对波动的市场需求。其中最小化装配时间均值表示系统在平均意义上的性能最优，最小化装配时间的方差表示系统保持性能的稳定性。采用基于NSGA-Ⅱ的多目标启发式算法求解该问题。数值实验结果表明，采用本方法进行单元装配系统构建避免了由需求变化引起的工人组合频繁变动和不必要的生产管理成本。随着批次容量的增加，两个目标函数均呈现下降趋势，即系统的生产效率和稳定性均得到提升。

（3）考虑工人技能培训成本，本书针对需求非确定场景下的单元装配系统技能配置进行优化研究。首先对工人掌握的技能进行定义，分为基础技能和对应产品类型的特定技能。考虑生产系统运营过程中可能产生的培训成本、产能短缺和产能过剩的惩罚成本，以最小化期望成本为目标，建立随机优化模型，决策每名工人应掌握的技能数量及技能组合。基于柔性制造增加柔性的方法开发启发式算法对模型求解，并通过实验验证模型和算法的有效性。数值实验结果表明，适当地培训工人较少的技能可以达到培训工人全部技能相类似的系统绩效。当产品间的需求差异程度增大、需求波动幅度增大以及产品类型增加时，系统的总成本和需要培训的技能数量都随之增加。随着技能培训成本、销售机会损失成本和产能空闲成本的增加，企业需要培训更多的高技能工人。

（4）服务水平作为服务系统的重要评价指标在单元装配系统的研究中鲜有提及。本书首先对单元系统的服务水平进行了详尽的定义，且考虑工人技能水平存在差异。在订单随机到达场景下，工人按所掌握技能被支付工资，以最小化用工成本和最大化服务水平为目标，建立多目标优化模型，决策构建单元的数量、雇用工人的数量，以及每名工人的技能水平。运用基于NSGA-Ⅱ的启发式算法求解该模型。数值实验结果表明，为达到更高的服务水平需要更高比例的高技能水平工人，且需支付更高的用工成本。随着批次容量的增加，在同一服务水平下需要付出更多的用工成本，而产品种类的多少和批次容量的波动程度对系统性能无显著影响。在技能工资系数上升的情况下，需支付更高的用工成本、雇用更多的高技能水平工人才能得到同等的服务水平。

7.2 理论贡献

第一，从研究背景方面，识别并对非确定需求环境进行分类描述。本书以非确定需求为研究背景开展单元装配系统构建问题的研究。在以往的单元装配系统构建问题中，少有提及非确定需求环境或者只是简单描述。在本书中，对单元装配系统中可能出现的非确定需求进行了全面的梳理，并给出了相应的数值描述。通过对非确定需求的描述完成本书各环节问题的研究，同时为后续研究提供了参考。

第二，从研究问题方面，以工人的技能水平组合和技能水平为研究对象，确定单元装配系统构建过程中的工人组合问题以及工人的技能组合和技能水平联合优化问题。通过对工人技能差异不同角度的描述，丰富了单元装配系统构建问题的研究内容，同时结合经典的有限柔性、随机优化等理论方法，在拓展了现有研究领域的同时为后续研究提供了更多思路和研究视角。

第三，从研究方法方面，主要运用了NSGA-Ⅱ的启发式算法、场景聚合法等方法。将原有的单元装配系统构建问题扩展到非确定需求层面后，模型特征和解空间特征都发生了改变，运用多种方法相结合的方式更好地解决了这一问题。尤其是有限柔性方法与场景聚合法的结合，将柔性生产领域的经典问题应用于单元装配生产构建问题上，应用经典方法解决新问题。通过本书的研究，丰富了相关算法的应用范围和改进方式，同时为后续研究提供解决方法的参考。

7.3 管理启示

通过本书的研究，在丰富理论方法知识的同时，根据研究成果，对生产制造企业尤其是适合单元装配系统应用的企业提出以下建议：

第一，企业管理者应在多能工的选用和培训方面增加投入。通过研究发现，多能工作为单元装配企业的关键因素起到了重要作用。在单元装配系统实施的过程中，部分多技能或者全技能的工人不但提高了系统的生产效率，同时为生产企业提供了更高的市场适应能力。因此，在企业招聘和培训基层工人的过程中，建议制定适当的奖励政策对员工逐步开展多技能培训，发动工人积极开展多技能学习。首先，在招聘环节选用积极进取、对技能提升有较高意愿的工人进入单元装配系统环境下工作。其次，在员工培训方面，采用师傅带徒弟、集中培训等方式定期开展定向技能培训。最后，制定相关的奖励制度和薪酬体系，让工人从收入层面直接体会到多技能为自身带来的益处，激励工人自主开展多技能学习。

第二，车间现场管理者可以根据本书中提出的方法及时调整单元的组织方式。当生产任务发生改变时，针对生产任务变化的特征和工人的技能水平适当调整工人的分配方案和生产任务的调度方案。根据研究结论，可以优先将工作能力相近、合作关系良好的工人们分配到同一个单元中。另外，工人只要具有适度的多技能水平即可，不需要完全掌握全部的技能，这虽然降低了工人培训的难度，但是增加了工人分配方案制订的难度。管理者可以依据需求的特征，有针对性地制订单元装配系统构建方案。

第三，工人应该积极参与多技能学习。单元装配系统的最大优势是多能工、紧凑的布局和多样化的自制工具。在以人为核心的单元装配系统，工人需要不断提升自身的技能水平。通过研究发现，工人掌握技能数量的提升对系统的效率提升和合作关系改善都有促进作用，因此工人应积极参与企业组织的技能培训并自发地开展技能学习。除此之外，和同事之间保持良好的工作关系可以促进系统的工作效率提升。

7.4 未来研究展望

单元装配系统构建问题仍处在较为初级的阶段，随着研究的不断深入，未来的研究可以从以下方面展开：

（1）根据单元装配系统可能出现的单元形式共分为分割式单元、巡回式单元和单人式单元三种，而本书的研究主要集中于巡回式单元。接下来的研究可以拓展至其他两种单元模式。

（2）本研究只考虑了单元系统构建问题，对于调度规则只简单地定义了先到先服务的方式，而调度规则的选择可以直接影响系统的生产效率。因此，可针对单元装配系统的调度规则进行优化，进一步丰富该领域的研究内容。

（3）进一步丰富非确定需求的场景。本研究主要以随机需求下求得平均值的方式进行单元装配系统的构建，而动态需求场景并未被仔细研究。可以尝试在动态需求下研究单元构建方案，由于存在构建方案的调整，因此解空间会更为复杂。

（4）本书只考虑了需求侧的非确定性，而对工人工作时间、工件质量等方面并没有考虑。在今后研究中可以从装配加工过程的非确定性着手，丰富研究内容。

（5）虽然本书针对研究模型提出了启发式算法，但是还可以尝试对算法进行完善和改进，以求更快速精准地找到最优解。

主要参考文献

[1] 曹惺璧．佳能细胞式生产方式［J］．北大商业评论，2010（8）：132-137．

[2] 酒卷久．佳能细胞式生产方式［M］．北京：东方出版社，2006．

[3] 李群霞，马风才，张群．供应链提前期供需联合优化库存模型研究［J］．中国管理科学，2015，23（4）：117-122．

[4] 李稚，谭德庆．爱尔朗型按订单装配系统最优生产——库存控制策略研究［J］．中国管理科学，2016，24（6）：61-69．

[5] 刘晨光，廉洁，李文娟，等．日本式单元化生产——生产方式在日本的最新发展形态［J］．管理评论，2010，22（5）：93-103．

[6] 唐加福，于洋．赛汝（Seru）生产方式研究综述［R］．大连：工作报告，2017．

[7] 王晓晴．面向单元制造企业的单元构建和调度方法的研究［D］．沈阳：东北大学，2009．

[8] 王晔，唐加福，赵林度．考虑需求波动的单元装配系统构建问题的多目标模型［J］．中国管理科学，2018，26（4）：57-66．

[9] 武内登．丰田细胞式生产［M］．北京：东方出版社，2014．

[10] 徐辉，侯建明．需求不确定条件下的制造商订单分配模型［J］．中国管理科学，2016，24（3）：80-88．

[11] 叶涛锋，达庆利，徐宣国．需求与提前期不确定下的生产——销售协调

[J]. 中国管理科学，2016，24（10）：133–140.

[12] 由雯. 国有企业内部人际关系对员工绩效的影响研究［D］. 长春：吉林大学，2013.

[13] AALAEI A，DAVOUDPOUR H. A Robust Optimization Model for Cellular Manufacturing System into Supply Chain Management［J］. *International Journal of Production Economics*，2017（183）：667–679.

[14] AGHAJANI A，DIDEHBANI S A，ZADAHMAD M，etc.A Multi-Objective Mathematical Model for Cellular Manufacturing Systems Design with Probabilistic Demand and Machine Reliability Analysis［J］. *The International Journal of Advanced Manufacturing Technology*，2014，75（5–8）：755–770.

[15] ALFIERI A，NICOSIA G. Sequencing a Batching Flexible Cell to Minimise Set-up Costs［J］. *International Journal of Production Research*，2014，52（8）：2461–2476.

[16] ARIKAN F，GÜNGÖR Z. Modeling of a Manufacturing Cell Design Problem with Fuzzy Multi - Objective Parametric Programming［J］. *Mathematical and Computer Modelling*，2009，50（3–4）：407–420.

[17] AZADEH A，SHEIKHALISHAHI M，KOUSHAN M. An Integrated Fuzzy Dea–Fuzzy Simulation Approach for Optimization of Operator Allocation with Learning Effects in Multi Products Cms［J］. *Applied Mathematical Modelling*，2013，37（24）：9922–9933.

[18] BASSAMBOO A，RANDHAWA R S，MIEGHEM J A V. Optimal Flexibility Configurations in Newsvendor Networks—Going Beyond Chaining and Pairing［J］. *Management Science*，2010，56（8）：1285–1303.

[19] BHAT S A，SARAF D N，GUPTA S，etc. On-Line Optimizing Control of Bulk Free Radical Polymerization Reactors under Temporary Loss of Temperature Regulation：Experimental Study on a 1–L Batch Reactor［J］. *Industrial and Engineering Chemistry Research*，2006，45（22）：7530–7539.

[20] BHOSKAR M T，KULKARNI M O K，KULKARNI M N K，etc. Genetic Algorithm and Its Applications to Mechanical Engineering：A Review［J］. *Materials Today：Proceedings*，2015，2（4–5）：2624–2630.

[21] BHULAI S，KOOLE G，POT A.Simple Methods for Shift Scheduling in Multiskill Call Centers［J］. *Manufacturing & Service Operations*

Management, 2008 , 10 (3): 411–420.

[22] BOULIF M, ATIF K. A New Fuzzy Genetic Algorithm for the Dynamic Bi–Objective Cell Formation Problem Considering Passive and Active Strategies [J]. *International Journal of Approximate Reasoning*, 2008 , 47 (2): 141–165.

[23] BRANKE J, DEB K. Integrating User Preferences into Evolutionary Multi-Objective Optimization [J]. *Studies in Fuzziness and Soft Computing*, 2005 (167): 461–477.

[24] CAO D, CHEN M. A Robust Cell Formation Approach for Varying Product Demands [J]. *International Journal of Production Research*, 2005, 43 (8): 1587–1605.

[25] CEZIK M T, L'ECUYER P. Staffing Multiskill Call Centers Via Linear Programming and Simulation [J]. *Management Science*, 2008, 54 (2): 310–323.

[26] CHEN M, CAO D. Coordinating Production Planning in Cellular Manufacturing Environment Using Tabu Search [J]. *Computers & Industrial Engineering*, 2004, 46 (3): 571–588.

[27] CHRISTOPHER M. The Agile Supply Chain: Competing in Volatile Markets [J]. *Industrial Marketing Management*, 2000, 29 (1): 37–44.

[28] CORNE D, KNOWLES J D, OATES M J. The Pareto Envelope-Based Selection Algorithm for Multiobjective Optimization [C]. London, UK: *Proceedings of the 6th International Conference on Parallel Problem Solving from Nature*, 2000.

[29] DAVIS L. Applying Adaptive Algorithms to Epistatic Domains [C]. Los Angeles, California: *Proceedings of the 9th international joint conference on Artificial intelligence* –Volume 1, 1985 .

[30] DEB K. Multi-Objective Genetic Algorithms: Problem Difficulties and Construction of Test Problems [J]. *Evolutionary Computation*, 1999, 7 (3): 205–230.

[31] DEB K. Multi-Objective Optimization Using Evolutionary Algorithms [M]. New York, NY, USA: John Wiley \& Sons, Inc, 2001.

[32] DEB K, KUMAR A. Interactive Evolutionary Multi-Objective Optimization and Decision–Making Using Reference Direction Method [C]. London, England: *Proceedings of the 9th annual conference on Genetic and evolutionary computation*, 2007.

[33] DEB K, PRATAP A, AGARWAL S, etc.A Fast and Elitist Multiobjective Genetic Algorithm: Nsga-Ⅱ [J]. *IEEE Transactions on Evolutionary Computation*, 2002, 6 (2): 182-197.

[34] DEB K, SUNDAR J. Reference Point Based Multi-Objective Optimization Using Evolutionary Algorithms [C]. Seattle, Washington, USA: *Proceedings of the 8th annual conference on Genetic and evolutionary computation*, 2006.

[35] DEFERSHA F M, CHEN M.A Comprehensive Mathematical Model for the Design of Cellular Manufacturing Systems [J]. *International Journal of Production Economics*, 2006, 103 (2): 767-783.

[36] DELJOO V, MIRZAPOUR AL-E-HASHEM S M J, DELJOO F, etc. Using Genetic Algorithm to Solve Dynamic Cell Formation Problem [J]. *Applied Mathematical Modelling*, 2010, 34 (4): 1078-1092.

[37] DENG T, SHEN Z J M. Process Flexibility Design in Unbalanced Networks [J]. *Engineering Management Review IEEE*, 2013, 15 (1): 24-32.

[38] EGILMEZ G, ERENAY B, SÜER G A.Stochastic Skill-Based Manpower Allocation in a Cellular Manufacturing System [J]. *Journal of Manufacturing Systems*, 2014, 33 (4): 578-588.

[39] EǦLMEZ G, SÜER G A.Stochastic Cell Loading to Minimize Nt Subject to Maximum Acceptable Probability of Tardiness [J]. *Journal of Manufacturing Systems*, 2015 (35): 136-143.

[40] EGILMEZ G, SÜER G A, HUANG J.Stochastic Cellular Manufacturing System Design Subject to Maximum Acceptable Risk Level [J]. *Computers & Industrial Engineering*, 2012, 63 (4): 842-854.

[41] GOLDBERG D E, LINGLE J R.Alleles, Loci and the Tsp [D]. Hillsdale, New Jersey: *In Grefenstette, J. J. (ed.) Proceedings of the First International Conference on Genetic Algorithms and Their Applications*, 1985.

[42] GONG J, PRABHU V V, LIU W.Simulation-Based Performance Comparison between Assembly Lines and Assembly Cells with Real-Time Distributed Arrival Time Control System [J]. *International Journal of Production Research*, 2011, 49 (5): 1241-1253.

[43] GRAVES S C, JORDAN W C.An Analytic Approach for Demonstrating the Benefits of Limited Flexibility. Working Paper. Massachusetts: *GM*

Research Laboratories Research Publication GMR-7341, 1991.

[44] GUPTA S K, RAMTEKE M. Applications of Genetic Algorithms in Chemical Engineering I: Methodology [M]. Switzerland: Springer International Publishing, 2014.

[45] GURIA C, BHATTACHARYA P K, GUPTA S K. Multi - Objective Optimization of Reverse Osmosis Desalination Units Using Different Adaptations of the Non-Dominated Sorting Genetic Algorithm (NSGA) [J]. *Computers & Chemical Engineering*, 2005, 29 (9): 1977-1995.

[46] GURIA C, GOLI K K, PATHAK A K.Multi-Objective Optimization of Oil Well Drilling Using Elitist Non-Dominated Sorting Genetic Algorithm [J]. *Petroleum Science*, 2014, 11 (1): 97-110.

[47] HASSANNEZHAD M, CANTAMESSA M, MONTAGNA F, etc. Sensitivity Analysis of Dynamic Cell Formation Problem through Meta-Heuristic [J]. *Procedia Technology*, 2014 (12): 186-195.

[48] HENAO C A, FERRER J C, MUÑOZ J C, etc.Multiskilling with Closed Chains in a Service Industry: A Robust Optimization Approach [J]. *International Journal of Production Economics*, 2016 (179): 166-178.

[49] HOPP W J, OYEN M P.Agile Workforce Evaluation: A Framework for Cross-Training and Coordination [J]. *II E Transactions*, 2004, 36 (10): 919-940.

[50] HOPP W J, TEKIN E, OYEN M P V.Benefits of Skill Chaining in Serial Production Lines with Cross - Trained Workers [J]. *Management Science*, 2004, 50 (1), 83-98.

[51] HORN J, NAFPLIOTIS N, GOLDBERG D E.A Niched Pareto Genetic Algorithm for Multiobjective Optimization [C]. Florida: *IEEE Conference on Evolutionary Computation.* IEEE World Congress on Computational Intelligence , 2002.

[52] HOUNSHELL D A.The Standardization of Manufacturing (Book Reviews: From the American System to Mass Production, 1800—1932) [J]. *Science*, 1984 (226): 331-332.

[53] HU X-B, WU S-F, JIANG J.On-Line Free-Flight Path Optimization Based on Improved Genetic Algorithms [J]. *Engineering Applications of Artificial Intelligence*, 2004, 17 (8): 897-907.

[54] HUCHZERMEIER A, LOCH C H. Project Management under Risk: Using the Real Options Approach to Evaluate Flexibility in R. D [J].

Management Science, 2001, 47 (1): 85–101.

[55] HUNG W L, YANG M S, LEE E S.Cell Formation Using Fuzzy Relational Clustering Algorithm [J]. *Mathematical and Computer Modelling*, 2011, 53 (9–10): 1776–1787.

[56] HYUN C J, KIM Y, KIM Y K.A Genetic Algorithm for Multiple Objective Sequencing Problems in Mixed Model Assembly Lines [J]. *Computers & Operations Research*, 1998, 25 (7): 675–690.

[57] IQBAL J, GURIA C.Optimization of an Operating Domestic Wastewater Treatment Plant Using Elitist Non-Dominated Sorting Genetic Algorithm [J]. *Chemical Engineering Research and Design*, 2009, 87 (11): 1481–1496.

[58] ISA K, TSURU T.Cell Production Innovation in Japan: Toward a New Model for Japanese Manufacturing [J]. *Industrial Relations*, 2002, 41 (4): 548–578.

[59] JI Q, WANG Y, et al. Optimal Production Planning for Assembly Systems with Uncertain Capacities and Random Demand [J]. European Journal of Operational Research, 2016, 253 (2): 383–391.

[60] JOHNSON D J.Converting Assembly Lines to Assembly Cells at Sheet Metal Products: Insights on Performance Improvements [J]. *International Journal of Production Research*, 2005, 43 (7) :1483–1509.

[61] JONES, DANIEL T. The Machine that Changed the World [M]. New York: Rawson Associates, 1990.

[62] JORDAN W C, GRAVES S C.Principles on the Benefits of Manufacturing Process Flexibility [J]. *Management Science*, 1995, 41 (4): 577–594.

[63] KAKU I, GONG J, TANG J F, etc. A Mathematical Model for Converting Conveyor Assembly Line to Cellular Manufacturing [J]. *Industrial Engineering & Management Systems*, 2008 (7): 160–170.

[64] KAKU I, GONG J, TANG J F, etc.Modeling and Numerical Analysis of Line-Cell Conversion Problems [J]. *International Journal of Production Research*, 2009, 47 (8): 2055–2078.

[65] KAKU I, MURASE Y, YIN Y. A Study on Human - Task - Related Performances in Converting Conveyor Assembly Line to Cellular Manufacturing [J]. *European Journal of Industrial Engineering*, 2008, 2 (1): 17–34.

[66] KAKU I, ZHANG X, YIN Y.Description and Evaluation of Seru Production System with S-F Scheme [J]. *24th International Conference on Production Research (ICPR 2017)*, 2017: 199-203.

[67] KASAT R B, GUPTA S K.Multi-Objective Optimization of an Industrial Fluidized-Bed Catalytic Cracking Unit (FCCU) Using Genetic Algorithm (GA) with the Jumping Genes Operator [J]. *Computers & Chemical Engineering*, 2003, 27 (12): 1785-1800.

[68] KAZEMI ZANJANI M, AIT-KADI D, NOURELFATH M.Robust Production Planning in a Manufacturing Environment with Random Yield: A Case in Sawmill Production Planning [J]. *European Journal of Operational Research*, 2010, 201 (3): 882-891.

[69] KESEN S E, TOKSARI M D, GÜNGÖR Z, etc.Analyzing the Behaviors of Virtual Cells (VCS) and Traditional Manufacturing Systems: Ant Colony Optimization (ACO) - Based Metamodels [J]. *Computers & Operations Research*, 2009, 36 (7): 2275-2285.

[70] KNOWLES J, CORNE D. The Pareto Archived Evolution Strategy: A New Baseline Algorithm for Pareto Multiobjective Optimisation [C]. Washington, DC, USA: *Proc. Congress on Evolutionary Computation.* IEEE. 1999.

[71] KUHN K M, YOCKEY M D.Variable Pay as a Risky Choice: Determinants of the Relative Attractiveness of Incentive Plans [J]. *Organizational Behavior and Human Decision Processes*, 2003, 90 (2): 323-341.

[72] KUMAR M, GURIA C.The Elitist Non-Dominated Sorting Genetic Algorithm with Inheritance (I-NSGA-Ⅱ) and Its Jumping Gene Adaptations for Multi-Objective Optimization [J]. *Information Sciences*, 2017: 382-383: 15-37.

[73] KUO Y, LIU C C.Operator Assignment in a Labor-Intensive Manufacturing Cell Considering Inter-Cell Manpower Transfer [J]. *Computers & Industrial Engineering*, 2017 (110): 83-91.

[74] KUO Y, YANG T. Optimization of Mixed - Skill Multi - Line Operator Allocation Problem [J]. *Computers & Industrial Engineering*, 2007, 53 (3): 386-393.

[75] KURIAN T K, REDDY C V K.On-Line Production Control Using a Genetic Algorithm [J]. *Computers and Industrial Engineering*, 1999, 37 (1-2): 101-104.

[76] LAMONT G B, VELDHUIZEN D A V. Evolutionary Algorithms for Solving Multi-Objective Problems [M]. Norwell, MA, USA: Kluwer Academic Publishers, 2002.

[77] LEUNG S C H, TSANG S O S, Ng W L, etc. A Robust Optimization Model for Multi - Site Production Planning Problem in an Uncertain Environment [J]. *European Journal of Operational Research*, 2007, 181 (1): 224-238.

[78] LIAN J, LIU C G, LI W J, etc. Multi-Skilled Worker Assignment in Seru Production Systems Considering Worker Heterogeneity [J]. *Computers & Industrial Engineering*, 2018 (118): 366-382.

[79] LISTES O, DEKKER R. A Scenario Aggregation - Based Approach for Determining a Robust Airline Fleet Composition for Dynamic Capacity Allocation [J]. *Transportation Science*, 2005, 39 (3): 367-382.

[80] LIU C, WANG J, LEUNG J Y T. Worker Assignment and Production Planning with Learning and Forgetting in Manufacturing Cells by Hybrid Bacteria Foraging Algorithm [J]. *Computers & Industrial Engineering*, 2016 (96): 162-179.

[81] LIU C, WANG J, LEUNG J Y T. Integrated Bacteria Foraging Algorithm for Cellular Manufacturing in Supply Chain Considering Facility Transfer and Production Planning [J]. *Applied Soft Computing*, 2018 (62): 602-618.

[82] LIU C G, DANG F, LI W J, etc. Production Planning of Multi-Stage Multi-Option Seru Production Systems with Sustainable Measures [J]. *Journal of Cleaner Production*, 2015 (105): 285-299.

[83] LIU C G, LI W J, LIAN J, etc. Reconfiguration of Assembly Systems: From Conveyor Assembly Line to Serus [J]. *Journal of Manufacturing Systems*, 2012, 31 (3): 312-325.

[84] LIU C G, LIAN J, YIN Y, etc. Seru Seisan-an Innovation of the Production Management Mode in Japan [J]. *Asian Journal of Technology Innovation*, 2010, 18 (2): 89-113.

[85] LIU C G, STECKE K E, LIAN J, etc. An Implementation Framework for Seru Production [J]. *International Transactions in Operational Research*, 2014, 21 (1): 1-19.

[86] LIU C G, YANG N, LI , etc. Training and Assignment of Multi-Skilled Workers for Implementing Seru Production Systems [J]. *International*

Journal of Advanced Manufacturing Technology, 2013, 69 (5-8): 937-959.

[87] LONG Y, LEE L H, CHEW E P. The Sample Average Approximation Method for Empty Container Repositioning with Uncertainties [J]. *European Journal of Operational Research*, 2012, 222 (1): 65-75.

[88] LOULY M A, DOLGUI A. Optimal Mrp Parameters for a Single Item Inventory with Random Replenishment Lead Time, Poq Policy and Service Level Constraint [J]. *International Journal of Production Economics*, 2013, 143 (1): 35-40.

[89] LUO L, ZHANG Z, YIN Y. Seru Loading with Worker-operation Assignment in Single Period [C]. Jeju: Paper Presented at the IEEE International Conference on Industrial Engineering and Engineering Management, 2016.

[90] MACDUFFIE J P. Human Resource Bundles and Manufacturing Performance: Organizational Logic and Flexible Production Systems in the World Auto Industry [J]. *Industrial & Labor Relations Review*, 1995, 48 (2): 197-221.

[91] MANUPATI V K, DEEPTHI T V, RAMAKOTAIAH K, etc. Reconfiguration of Networked Seru Production Systems in an Indian Perspective [C]. Dubai: Paper Presented at the International Conference on Industrial Engineering and Operations Management, 2015.

[92] MEHDIZADEH E, RAHIMI V. An Integrated Mathematical Model for Solving Dynamic Cell Formation Problem Considering Operator Assignment and Inter/Intra Cell Layouts [J]. *Applied Soft Computing*, 2016 (42): 325-341.

[93] MIYAKE D I. The Shift from Belt Conveyor Line to Work - Cell Based Assembly Systems to Cope with Increasing Demand Variation and Fluctuation in the Japanese Electronics Industries [J]. *Japan Center for International Economic Cooperation*, 2006, 6 (4): 21.

[94] MOHAMMADI M, FORGHANI K. Designing Cellular Manufacturing Systems Considering S-Shaped Layout [J]. *Computers & Industrial Engineering*, 2016 (98): 221-236.

[95] MULVEY J M, VANDERBEI R J, ZENIOS S A. Robust Optimization of Large-Scale Systems [J]. *Operations Research*, 1995, 43 (2): 264-281.

[96] MURASE Y, KAKU I, YIN Y. Theoretical Analysis of Converting Assembly Line to Cellular Manufacturing—How to Select Your Manufacturing System [J]. *Journal of Japan Industrial Management Association*, 2006, 57 (4): 314-322.

[97] NIAKAN F, BABOLI A, MOYAUX T, etc. A New Multi - Objective Mathematical Model for Dynamic Cell Formation under Demand and Cost Uncertainty Considering Social Criteria [J]. *Applied Mathematical Modelling*, 2016, 40 (4): 2674-2691.

[98] OLIVER I M, SMITH D J, HOLLAND J R C. A Study of Permutation Crossover Operators on the Traveling Salesman Problem [J]. *Proceedings of the Second International Conference on Genetic Algorithms on Genetic algorithms and their application*, Cambridge, Massachusetts, USA, 1987.

[99] OSSAMA M, YOUSSEF A M A, SHALABY M A. A Multi-Period Cell Formation Model for Reconfigurable Manufacturing Systems [J]. *Procedia CIRP*, 2014 (17): 130-135.

[100] PAN F, NAGI R. Robust Supply Chain Design under Uncertain Demand in Agile Manufacturing [J]. *Computers & Operations Research*, 2010, 37 (4): 668-683.

[101] PARK J, BAE H, DINH T C, etc. Operator Allocation in Cellular Manufacturing Systems by Integrated Genetic Algorithm and Fuzzy Data Envelopment Analysis [J]. *The International Journal of Advanced Manufacturing Technology*, 2014, 75 (1-4): 465-477.

[102] PAYDAR M M, SAIDI - MEHRABAD M, TEIMOURY E. A Robust Optimisation Model for Generalized Cell Formation Problem Considering Machine Layout and Supplier Selection [J]. *International Journal of Computer Integrated Manufacturing*, 2013, 27 (8): 772-786.

[103] PILLAI V M, SUBBARAO K. A Robust Cellular Manufacturing System Design for Dynamic Part Population Using a Genetic Algorithm [J]. *International Journal of Production Research*, 2008, 46 (18): 5191-5210.

[104] RABBANI M, JOLAI F, MANAVIZADEH N, etc. Solving a Bi-Objective Cell Formation Problem with Stochastic Production Quantities by a Two-Phase Fuzzy Linear Programming Approach [J]. *The International Journal of Advanced Manufacturing Technology*, 2011, 58 (5-8):

709–722.

[105] RAFIEE K, RABBANI M, RAFIEI H, etc. A New Approach Towards Integrated Cell Formation and Inventory Lot Sizing in an Unreliable Cellular Manufacturing System [J]. *Applied Mathematical Modelling*, 2011, 35 (4): 1810–1819.

[106] RAFIEI H, GHODSI R. A Bi - Objective Mathematical Model toward Dynamic Cell Formation Considering Labor Utilization [J]. *Applied Mathematical Modelling*, 2013, 37 (4): 2308–2316.

[107] RAMTEKE M, GHUNE N, TRIVEDI V.Simulated Binary Jumping Gene: A Step Towards Enhancing the Performance of Real - Coded Genetic Algorithm [J]. *Information Sciences*, 2015 (325): 429–454.

[108] RENNA P, AMBRICO M. Design and Reconfiguration Models for Dynamic Cellular Manufacturing to Handle Market Changes [J]. *International Journal of Computer Integrated Manufacturing*, 2014, 28 (2): 170–186.

[109] ROCKAFELLAR R T, WETS J B. Scenarios and Policy Aggregation in Optimization under Uncertainty [J]. *Mathematics of Operations Research*, 1991, 16 (1): 119–147.

[110] SAFAEI N, SAIDI-MEHRABAD M, TAVAKKOLI-MOGHADDAM R.etc.A Fuzzy Programming Approach for a Cell Formation Problem with Dynamic and Uncertain Conditions [J]. *Fuzzy Sets and Systems*, 2008, 159 (2): 215–236.

[111] SAFAEI N, TAVAKKOLI - MOGHADDAM R. An Extended Fuzzy Parametric Programming–Based Approach for Designing Cellular Manufacturing Systems under Uncertainty and Dynamic Conditions [J]. *International Journal of Computer Integrated Manufacturing*, 2009, 22 (6): 538–548.

[112] SAKAMAKI H. The Change of Consciousness and company by Cellular Manufacturing in Canon Way [R]. Tokyo: JMA Management Center, 2006.

[113] SAKAZU Y. Is Japanese Cell Manufacturing a New System? A Comparative Study between Japanese Cell Manufacturing and Cellular Manufacturing [J]. *Japan Industrial Management Association*, 2005 (55): 341–349.

[114] SANGWAI J S, BHAT S A, SARAF D N, etc.An Experimental Study on

on - Line Optimizing Control of Free Radical Bulk Polymerization in a Rheometer–Reactor Assembly under Conditions of Power Failure [J]. *Chemical Engineering Science*, 2007, 62 (10): 2790–2802.

[115] SCHAFFER J D. Multiple Objective Optimization with Vector Evaluated Genetic Algorithms [C]. Hillsdale, NJ, USA: *Proceedings of the 1st International Conference on Genetic Algorithms*, 1985.

[116] SCHULZE T, GROTHEY A, MCKINNON K. A Stabilised Scenario Decomposition Algorithm Applied to Stochastic Unit Commitment Problems [J]. *European Journal of Operational Research*, 2017, 261 (1): 247–259.

[117] ŞEN C G, ÇINAR G. Evaluation and Pre - Allocation of Operators with Multiple Skills: A Combined Fuzzy Ahp and Max–Min Approach [J]. *Expert Systems with Applications*, 2010, 37 (3): 2043–2053.

[118] SHAO L, ZHANG Z, YIN Y. A Bi-Objective Combination Optimisation Model for Line - Seru Conversion Based on Queuing Theory [J]. *International Journal of Manufacturing Research*, 2016, 11 (4): 322.

[119] SHAO L, ZHANG Z, YIN Y. Production System Performance Improvement by Assembly Line-seru Conversion [M]. Singapore: Springer Singapore, 2017.

[120] SHIMBUM N K. Canon [N]. Nihon Keizai Shimbum, 2004–01–19.

[121] SHINOHARA T. Shocking News of the Removal of Conveyor Systems: Single-Worker Seru Production System [J]. *Nikkei Mech*, 1995 (459): 20–38.

[122] STECKE K E, YIN Y, KAKU I. Seru Production: An Extension of Just-in-Time Approach for Volatile Business Environments [J]. *Journal of Obstetrics & Gynaecology Research*, 2014, 40 (6): 1725–1732.

[123] STECKE K E, YIN Y, KAKU I, etc. Seru: The Organizational Extension of Jit for a Super-Talent Factory [J]. *International Journal of Strategic Decision Sciences*, 2012, 3 (16): 2963–2971.

[124] SÜER G A. Optimal Operator Assignment and Cell Loading in Labor - Intensive Manufacturing Cells [J]. *Computers & Industrial Engineering*, 1996, 31 (1): 155–158.

[125] SÜER G A, ARIKAN F, BABAYIGIT C. Effects of Different Fuzzy Operators on Fuzzy Bi-Objective Cell Loading Problem in Labor-Intensive Manufacturing Cells [J]. *Computers & Industrial Engineering*, 2009,

56 (2): 476-488.

[126] TARIM S A, DOGRU M K, OZEN U, etc. An Efficient Computational Method for a Stochastic Dynamic Lot-Sizing Problem under Service-Level Constraints [J]. *European Journal of Operational Research*, 2011, 215 (3): 563-571.

[127] TAYLOR F W. The Principles of Scientific Management [M]. New York: Harper, 1911.

[128] TOMLIN B. On the Value of Mitigation and Contingency Strategies for Managing Supply Chain Disruption Risks [J]. *Management Science*, 2006, 52 (5): 639-657.

[129] VAHDANI B. Vehicle Positioning in Cell Manufacturing Systems Via Robust Optimization [J]. *Applied Soft Computing*, 2014 (24): 78-85.

[130] VALADI J, SIARRY P. Applications of Metaheuristics in Process Engineering [M]. Switzerland: Springer, Cham, 2014.

[131] VEMBU S, SRINIVASAN G. Heuristics for Operator Allocation and Sequencing in Product-Line-Cells with Manually Operated Machines [J]. *Computers & Industrial Engineering*, 1997, 32 (2): 265-279.

[132] VILLA A, TAURINO T. From Jit to Seru, for a Production as Lean as Possible [J]. *Manufacturing Engineering Society International Conference*, 2013 (63): 956-965.

[133] VIN E. An Adapted Genetic Algorithm to Solve Generalized Cell Formation [J]. *IFAC Proceedings Volumes*, 2009, 42 (4): 1233-1238.

[134] WALLACE R B, WHITT W. A Staffing Algorithm for Call Centers with Skill—Based Routing [J]. *Manufacturing & Service Operations Management*, 2005, 7 (4): 276-294.

[135] WANG K, LÖHL T, STOBBE M, etc. A Genetic Algorithm for Online-Scheduling of a Multiproduct Polymer Batch Plant [J]. *Computers & Chemical Engineering*, 2000, 24 (2): 393-400.

[136] WANG Y, TANG J. Multi-Objective Optimization Model for Seru Production System Formation under Uncertain Condition [J]. International Conference on Service Systems and Service Management, 2017: 1-6. IEEE.

[137] WANG Y, TANG J. Cost and Service-Level-Based Model for a Seru Production System Formation Problem with Uncertain Demand [J]. *Journal of Systems Science & Systems Engineering*, 2018, 27 (4):

519–537.

[138] WANG Y, TANG J. Is Full Skill the Best Configuration for Seru Production System? [R]. Shen Yang: 2018 Chinese Control And Decision Conference (CCDC), 2018: 1–6. IEEE.

[139] WEMMERLÖV U, HYER N L. Procedures for the Part Family/Machine Group Identification Problem in Cellular Manufacturing [J]. *Journal of Operations Management*, 1986, 6 (2): 125–147.

[140] YAGYUU S. *Synchronized Seru Seisan Mode: Beginning from One* [M]. Tokyo: Nikkan Kogyo Shimbun, 2003.

[141] YIN Y, STECKE K E, KAKU I. The Evolution of Seru Production Systems Throughout Canon [J]. *Operations Management Education Review*, 2008 (2): 27–40.

[142] YIN Y, STECKE K E, LI D. The Evolution of Production Systems from Industry 2.0 through Industry 4.0 [J]. *International Journal of Production Research*, 2018 (1): 1–14.

[143] YIN Y, STECKE K E, SWINK M, etc. Lessons from Seru Production on Manufacturing Competitively in a High Cost Environment [J]. *Journal of Operations Management*, 2017: 49–51, 67–76.

[144] YING K C, TSAI Y J. Minimising Total Cost for Training and Assigning Multiskilled Workers in Seru Production Systems [J]. *International Journal of Production Research*, 2017, 55 (10): 2978–2989.

[145] YU Y, GONG J, TANG J F, etc. How to Carry out Assembly Line–Cell Conversion? A Discussion Based on Factor Analysis of System Performance Improvements [J]. *International Journal of Production Research*, 2012, 50 (18): 5259–5280.

[146] YU Y, SUN W, TANG J, etc. Line-Seru Conversion Towards Reducing Worker (S) without Increasing Makespan: Models, Exact and Meta–Heuristic Solutions [J]. *International Journal of Production Research*, 2017, 55 (10): 2990–3007.

[147] YU Y, SUN W, TANG J, etc. Line-Hybrid Seru System Conversion: Models, Complexities, Properties, Solutions and Insights [J]. *Computers & Industrial Engineering*, 2017 (103): 282–299.

[148] YU Y, TANG J F, GONG J, etc. Mathematical Analysis and Solutions for Multi-Objective Line-Cell Conversion Problem [J]. *European Journal of Operational Research*, 2014, 236 (2): 774–786.

[149] YU Y, TANG J F, SUN W, etc. Combining Local Search into Non-Dominated Sorting for Multi-Objective Line-Cell Conversion Problem [J]. *International Journal of Computer Integrated Manufacturing*, 2013, 26 (4): 316-326.

[150] YU Y, TANG J F, SUN W, etc. Reducing Worker (s) by Converting Assembly Line into a Pure Cell System [J]. *International Journal of Production Economics*, 2013, 145 (2): 799-806.

[151] YU Y, WANG J, MA K. Seru System Balancing: Definition, Formulation, and Exact Solution [J]. Computer & Industrial Engineering, 2018 (122): 318-325.

[152] YU Y, WANG S, TANG J, etc. Complexity of Line-Seru Conversion for Different Scheduling Rules and Two Improved Exact Algorithms for the Multi-Objective Optimization [J]. *Springerplus*, 2016, 5 (1): 809.

[153] ZHANG Q F, LI H. MOEA/D: A Multiobjective Evolutionary Algorithm Based on Decomposition [J]. *IEEE Transactions on Evolutionary Computation*, 2007, 11 (6): 712-731.

[154] ZHANG X L, LIU C G, LI W J, etc. Effects of Key Enabling Technologies for Seru Production on Sustainable Performance [J]. *Omega*, 2017 (66): 290-307.

[155] ZITZLER E, THIELE L. Multiobjective Evolutionary Algorithms: A Comparative Case Study and the Strength Pareto Approach [J]. *IEEE Transactions on Evolutionary Computation*, 1999, 3 (4): 257-271.

[156] ZOHREVAND A M, RAFIEI H, ZOHREVAND A H. Multi-Objective Dynamic Cell Formation Problem: A Stochastic Programming Approach [J]. *Computers & Industrial Engineering*, 2016 (98): 323-332.